Theodor Kolde

Luther und der Reichstag zu Worms. 1521

Theodor Kolde

Luther und der Reichstag zu Worms. 1521

ISBN/EAN: 9783743667921

Hergestellt in Europa, USA, Kanada, Australien, Japan

Cover: Foto ©Lupo / pixelio.de

Weitere Bücher finden Sie auf **www.hansebooks.com**

Luther

und der

Reichstag zu Worms.

1521.

Von

D. Th. Kolde,
ord. Professor an der Universität Erlangen.

Halle 1883.
Verein für Reformationsgeschichte.

Drei Jahre waren verflossen, seit Luthers Thesen über den Wert der Abläsfe ins Land gegangen. Was war nicht alles seitdem geschehen! Nur um sich selbst darüber klar zu werden, was die Abläsfe zu bedeuten hätten, und was die Kirche darüber gelehrt haben wollte, um dann seine beunruhigte Gemeinde belehren zu können, hatte er seine berühmten fünfundneunzig Sätze aufgestellt. Es ist bekannt, welches große Aufsehen sie machten. Manche vor ihm hatten viel schärfer und entschiedener sich darüber ausgelassen, aber ihre Stimmen waren verhallt, oder man hatte sie unterdrückt, weil niemand sich ihrer annahm.

Jetzt war das anders. Je mehr die große Menge der Gläubigen unter dem Drucke der Not in den letzten Jahrzehnten nach jedem Strohhalm gegriffen, nach jeder neuen Bürgschaft der Seligkeit oder doch der dermaleinstigen Befreiung aus dem Fegefeuer, die doch immer zweifelhaft blieb, um so mehr mußte sie beunruhigt werden, als ein Mann, der als frommer und gelehrter Theologe und zudem als ein Bettelmönch bekannt war, seine Zweifel an der üblichen Ablaßpraxis laut werden ließ, und bald die ganze Universität Wittenberg ihm beistimmte. Außerdem gab es, dank dem Treiben der Humanisten, des zügellosen, kampfeslustigen Geschlechtes junger Gelehrten, die an Sprache und Gedanken der alten Klassiker sich erbauten, breite Schichten der Bevölkerung, die den Gegenstand, um den es sich handelte, zunächst zwar belächelten, aber den Streit der verhaßten Mönche unter einander nicht ungern sahen.

Gleichwohl wäre es möglich gewesen, die Sache auf dem Wege

theologischer Erörterung zum Austrag zu bringen, weil die Kirche über das Wesen und den Wert der Abläße bisher noch keine Bestimmung getroffen, wären nur Luthers Gegner nicht sogleich mit dem Worte „Ketzer" bei der Hand gewesen, hätten sie nur nicht die Angelegenheit, um sie kurzer Hand zu erledigen, sogleich die Streitfrage von der Gewalt des Papstes übergeleitet.

Luthers Begegnung mit dem stolzen Kardinal Cajetan (Oct. 1518), der, ohne sich auf irgend welche Untersuchung des Streitpunktes einzulassen, nur einfachen Widerruf dessen verlangte, was Luther unter jahrelangem Sorgen und Ringen an der Hand der Schrift als Wahrheit erkannt hatte, brachte es ihm bald zur Gewißheit, daß eine Verständigung mit den Vertretern des römischen Papsttums kaum möglich sein würde. Er appellirte an das höchste Tribunal der Christenheit, ein allgemeines Konzil. Damit wurde seine Sache zur öffentlichen Angelegenheit. Die eifrigen, aber von der Kurie schlecht unterstützten Bemühungen des päpstlichen Kammerherrn Karl v. Miltitz, sie auf den Weg privater Vereinbarung zurückzuleiten, kamen zu spät; die Gegensätze waren schon zu weit gediehen, Luthers Lehre war schon nicht mehr allein die seine.

Dann kam es im Sommer 1519 zur Leipziger Disputation mit Johann Eck von Ingolstadt über das göttliche Recht des Papsttums. Gedrängt von dem eitlen, prahlerischen Gegner, der es für den höchsten Ruhm hielt, einen Mann wie Luther nicht nur zu überwinden, sondern der Ketzerei zu überführen, hatte dieser sich immermehr entfernt von den üblichen Theorieen über Papsttum und Kirche. In der Erinnerung der deutschen Christenheit galt das Konzil von Konstanz 1414—1418 mit seinem Kaiser Sigismund als eins der glänzendsten und wichtigsten, welche die Kirche je gesehen, der dort verurteilte und verbrannte Joh. Hus als einer der verruchtesten Ketzer aller Zeiten. Man wußte nicht mehr viel von seiner Lehre, aber man brachte dieselbe in unmittelbare Verbindung mit den Greueltaten der Hussiten, die noch in aller Munde waren. Unter diesen Umständen begreift es sich, daß es nicht geringes Aufsehen machte, als Luther sich im Eifer der Disputation die Bemerkung entschlüpfen ließ, daß auch die Konzilien irren könnten, daß einige Artikel des Hus, die in Konstanz verurteilt worden, ganz christlich seien. Da wurde auch mancher unter seinen Freunden besorgt, während die Feinde über diese offene Ketzerei triumphirten. Aber Luther ließ sich nicht schrecken. Eingehenderes Studium der Schriften des Hus bestätigte die früher nur gelegentlich hingeworfene Bemerkung. Die Entdeckung, daß er längst, ohne es zu wissen, manche Sätze des Hus gelehrt habe, machte ihn vielmehr zuversichtlicher. Stand er doch mit seinen Überzeugungen nicht mehr allein. Das sei ja freilich gleichgültig, ob Hus oder sonst jemand etwas gesagt habe, bei der Wahrheit des Evangeliums müsse man bleiben, ließ er sich vernehmen.

Während er sich immer mehr in diese Wahrheit, als deren Zeugen er Hus erkannt hatte, zu vertiefen strebte und in zahlreichen Schriften die Lehre von der Rechtfertigung allein aus dem Glauben und ihre Folgerungen zumeist in deutscher Sprache den heilsbegierigen Laien erklärte, stand der Kampf mit den Widersachern keinen Augenblick still.

Zu den religiösen Motiven des Angriffs gegen ein verderbtes Kirchentum waren durch allerlei Einflüsse und Erkenntnisse nach und nach auch nationale gekommen.

Als echter Mönch war Luther aufgewachsen, ohne Familie, ohne Vaterland. Da, in den Tagen des Kampfes um die höchsten religiösen Güter fielen ihm Schriften in die Hände, die vor ihm eine neue Welt auftaten. Auf das unmittelbar religiöse Leben, auf die Frage vom Heil und seine theologische Begründung hatte sich bisher sein Streben gerichtet. Jetzt zum ersten Male erkannte er, daß die Schäden des kirchlichen Lebens, seine Knechtung durch ein allmächtiges, des evangelischen Grundes entbehrendes Papsttum, allmählich auch tiefgreifende soziale Schädigungen zur Folge gehabt, daß es sich nicht um einzelne Mißbräuche handle, sondern um das ganze System der römischen Kurie, das, Gut und Blut und Leben vernichtend, die edle deutsche Nation, einst die erste der Christenheit, mit eisernen Krallen umspanne. Es war eine furchtbare Erkenntnis, und sie war um so eindrucksvoller, je überraschender sie kam. Mit bewunderungswürdiger Klarheit übersah er bald das Ganze, erkannte er das Ineinandergreifen der einzelnen Maschen, die eine fast tausendjährige Entwickelung zu dem kunstvollen Netze gesponnen hatte, das dermalen die Christenheit und nicht zum wenigsten die deutsche Nation gefesselt hielt.

Sofort war er Feuer und Flamme, beeilte er sich, seine Erkenntnis zum Gemeingut zu machen. Und wenn es nun nicht möglich war, das Ziel, den Sieg der evangelischen Wahrheit, im Kampf mit den Theologen zu erreichen, wenn eine Reformation der Kirche und alles dessen, was einer gründlichen Besserung bedürftig, wie jetzt schon offenbar, durch Papsttum und Hierarchie nicht zu erwarten stand, — dann von unten, durch die Laien, den Kaiser, den Schutzherrn der Christenheit, die Fürsten, besonders auch den christlichen Adel, der jetzt vor allem den Reformationsgedanken sich zuzuneigen schien — waren sie doch alle berufen zu Priestern Gottes des Allerhöchsten!

In schwerem innern Kampfe waren diese Gedanken in ihm geboren worden, denn er war sich der Tragweite derselben durchaus bewußt. Gelang es, sie durchzuführen, so mußte die Welt ein ganz anderes Aussehen gewinnen: sie waren ein Protest gegen die ganze bisherige Entwickelung in Kirche, Staat und Gemeinde. Aber „was heißt Papst? Was Welt? Was Fürst dieser Welt? daß ich um seinetwillen die Wahrheit des Evangeliums, für die Christus gestorben ist, verleugnen sollte? Es sei wohlauf, wer wohlauf ist, es gehe zugrunde, wer zugrunde geht, ich werde mit Gottes Hilfe immer so denken". So hatte er schon ein Jahr früher, 1519, geschrieben.

Nun folgte Schlag auf Schlag: die Schrift „Vom Papsttum zu Rom", „An den christlichen Adel deutscher Nation von des christlichen Standes Besserung", „Von der babylonischen Gefangenschaft der Kirche". Man kann sich die Aufregung, die durch diese Schriften in deutschen Landen und weit darüber hinaus hervorgerufen wurde, nicht groß genug vorstellen. In jener leseluftigen Zeit, bei dem regen religiösen und kirchlichen Interesse, welches das deutsche Volk damals beseelte, drangen sie bis in die untersten Schichten des Volkes. Der Wittenberger Professor schien nur das ausgesprochen zu haben, was alle meinten oder doch ahnten. Kein Zweifel, daß viele gerade durch den nationalen Ton, den Luther jetzt anschlug, gewonnen wurden. Auch solche, die sich bisher mit Entsetzen von dem neuen Ketzer hinweggewandt hatten, waren jetzt von der Glut seiner Begeisterung mit fortgerissen.

Ulrich v. Hutten, der streitbare Poet, und andere, die nicht

wenig dazu beigetragen hatten, Luther über die Schädigung Deutsch=
lands durch Rom und seine Sendlinge aufzuklären, hatten seit Jahren
sich in ähnlicher, ja noch schärferer Weise gegen Rom und die Röm=
linge vernehmen lassen. Was man hier las, war doch in ganz
anderem Tone geschrieben. Wo dort nur glühender Haß, der doch
auch das eigene materielle Interesse im Auge hatte, das Wort
führte, war es hier die Sprache heiligen Zornes, der sein strafendes
Schwert gegen alles das erhebt, was das römische Papsttum im
Laufe der Zeit gegen die deutsche Nation und gegen die Kirche
gesündigt, was das Reich Gottes nicht kommen lassen will.

Das haben freilich längst nicht alle verstanden, weder damals
noch heute. Nicht wenige vernahmen daraus nur, was ihnen lieb
war: den Aufruf zur Befreiung vom römischen Joche, woran
sich manche selbstsüchtige Hoffnung auf bessere Tage knüpfte. Die
heruntergekommenen Ritter, das ruhelose Volk der Humanisten, die
vom Erfolge des Augenblicks lebten, hätten wohl am liebsten so=
gleich losgeschlagen, um mit den Waffen in der Hand ein goldenes
Zeitalter heraufzuführen. Auch bei Luther finden sich Stellen, in
denen er an die Möglichkeit denkt, daß es darüber zum Kriege
kommen könnte, wenn die Wut der Romanisten sich einem Konzil
widersetzte. Er spricht es rückhaltlos aus, daß dann kein Mittel
übrig bliebe, als daß Kaiser, König und Fürsten durch Waffen=
gewalt im blutigen Kriege ihr Recht erkämpften. Er würde sich
auch nicht wundern, wenn unter dem ungeheuren Gewissensdruck
die Fürsten, Adel und Laien den Papst, Bischof, Pfaff und Mönch
über die Köpfe schlügen und zum Lande hinausjagten. Aber das
Recht, im Notfalle Gewalt anzuwenden, schreibt er doch nur der
Obrigkeit, keineswegs, wie man es oft verdreht hat, der großen
Menge, dem Pöbel, zu. Auch er träumte wohl in jenen Tagen
des Erfolges zuweilen davon, daß das Papsttum über Erwarten
schnell vernichtet werden könnte; aber von jenen Umsturzplänen
und von gewalttätigem Eingreifen fürs Evangelium wollte er
weder jetzt noch später etwas wissen, und je mehr er davon erfuhr,
um so entschiedener sprach er sich dagegen aus. „Durchs Wort
ist die Welt besiegt worden, durchs Wort ist die Kirche geschützt
worden, durchs Wort wird sie wiederhergestellt werden." Das
war seine felsenfeste Überzeugung, die weder Aussicht auf Macht

und Ehre, noch drohende Gefahr erschüttern konnte. Und wie sein eigenes Glaubensleben immer fester und sicherer und innerlicher wurde, zeigt seine kleine, ewig junge Schrift aus denselben Tagen des erbittertsten Kampfes: „Von der Freiheit eines Christenmenschen". Aus der ganzen Tiefe seines Glaubensbewußtseins geboren, in einfacher, zu Herzen gehender Sprache, stellt sie das Glauben, Lieben und Hoffen eines Christenmenschen dar, wie er unbekümmert um Welt und Not dieser Welt, in der engsten Gemeinschaft mit Christo in der Ewigkeit fußend, gerade darum in und für diese Welt wirken muß. In zwei Sätzen faßt er das Ziel des christlichen Lebens zusammen: „Ein Christenmensch ist ein ganz freier Herr über alle Dinge und niemand unterthan" und „Ein Christenmensch ist ein ganz dienstbarer Knecht aller Dinge und jedermann unterthan". „Es ist", wie er selbst sagt, „ein klein Büchlein, so das Papier wird angesehen, aber doch die ganze Summa eines christlichen Lebens drinnen begriffen." „Ich bin gewiß, daß der, der im Himmel sitzt und alles leitet, von Ewigkeit den Anfang, den Fortgang und das Ende dieser Sache vorausgesehen hat", schrieb er Anfang Oktober 1520 in einem Briefe. „Wie es auch kommen mag, mich wird es nicht irre machen. Es ist ein Geringes, daß wir für das Wort sterben, nachdem dieses, selbst Fleisch geworden, vorher für uns gestorben ist." So war er selbst ruhig, voll Vertrauen, in sich gewiß, während draußen um ihn herum alles gährte, stürmte und tobte.

In dieser Zeit der allgemeinen Aufregung brachte Joh. Eck die römische Bannbulle nach Deutschland. Erst nach langen Beratungen war sie am 15. Juni 1520 endlich fertig gestellt worden. Sie war in den stärksten Ausdrücken abgefaßt. Sie beginnt mit den Worten des 74. Psalms: „Mache dich auf, Herr, und richte deine Sache, gedenke der Schmach, die dir von den Thoren widerfährt den ganzen Tag. Neige dein Ohr zu unseren Bitten, denn die Füchse wollen deinen Weinberg verwüsten. Ein Eber aus dem Walde sucht ihn zu zerstören, ein wildes Tier weidet ihn ab u. s. w." Nach Ablauf einer Frist von 60 Tagen, die man ihm noch zum Widerruf der 41 namhaft gemachten Artikel gönnen wollte, sollte er als ein hartnäckiger Ketzer, als ein verdorrter Ast von der Christenheit abgehauen werden.

So hatte denn Rom sein letztes Wort gesprochen; das Ziel war erreicht, so meinten die Gegner.

Es war doch ein Schlag ins Wasser gewesen. Der Bannstrahl wollte nicht zünden. Wie sehr die Achtung vor der päpstlichen Gewalt in deutschen Landen erschüttert war, ließ sich daraus erkennen, welchen geringen Eindruck die päpstliche Bulle machte. Nicht wenige Bischöfe fanden es unangezeigt, dieselbe zu publiziren, wie sehr auch Joh. Eck drängen mochte. Zwar durfte derselbe in mehreren Diöcesen die Bannbulle anschlagen lassen, und er scheute sich nicht, von dem unerhörten Rechte, nach Belieben einige Anhänger Luthers — es waren zum Teil seine persönlichen Feinde — als Mitgebannte zu bezeichnen, Gebrauch zu machen; die Hauptsache war doch, wer das päpstliche Verdammungsurteil ausführen würde. Alle christlichen Gewalten waren, falls Luther nicht widerrief, unter Androhung schwerer Strafe aufgefordert worden, sich seiner Person zu bemächtigen und ihn in die Hände des Papstes zu liefern; aber es rührte sich niemand. Vielmehr erhoben sich gewichtige Stimmen auch von solchen, die sich durchaus nicht auf Luthers Seite stellen wollten, die in dem Vorgehen des Papstes eine ungeheure Anmaßung, ein Eingreifen in die Rechte des Kaisers und des Reiches sahen und empört darüber waren, daß man Luther ohne Verhör verurteilt habe. Von allen Seiten, aus allen Ständen bekam er aufmunternde Worte zu hören. Spalatin berichtet einmal aus jener Zeit, daß er bei Luther an die 30 Briefe von Fürsten, sonstigen hohen Herren und Gelehrten aus allen deutschen Gauen vorgefunden habe, von Pommern bis nach der Schweiz, vom Breisgau bis nach Böhmen.

Die Wittenberger Universität beschloß, die Bulle nicht zu veröffentlichen. Man gab als Grund an, daß der Papst kaum davon etwas wissen werde, oder nur durch Eck aufgereizt worden sei. Die kurfürstlichen Räte waren damit einverstanden. Vergeblich suchte Eck die umwohnenden Bischöfe zur Ausführung der Bannbulle zu bewegen, sie waren machtlos.

Von dieser Seite hatte also Luther nichts zu fürchten. Und was bedeutete ihm in religiöser Beziehung noch der Bann des Papstes? Daß derselbe einem freien Christenmenschen, der sich eins weiß mit Christo, in seiner Seligkeit nicht hinderlich sein könne, darüber war er längst gewiß geworden und hatte es öffentlich ausgesprochen. Gelegentlich bemerkt er einmal seine Freude darüber, daß er durch die Exkommunikation auch von den Gesetzen seines Ordens gelöst sei, nur im Kloster und im Mönchskleide gedenke er zu bleiben.

Der Bann des Papstes veranlaßte ihn nicht, auch nur einen einzigen Satz zurückzunehmen, vielmehr verschärfte er sie noch in den gegen die Bulle gerichteten Traktaten, in denen er auch klarer und bestimmter, als früher, die heilige Schrift als die alleinige Grundlage des Glaubens bezeichnete, nach der alles gerichtet werden müsse: „Die Schrift ist unser Recht und Trotz, damit wir auch einem Engel vom Himmel mögen widerstreben, wie St. Paulus Gal. 1, 8 gebeut, geschweige einem Papst und Konzil."

Gleichwohl erneuerte er auf den Rat guter Freunde, damit es nicht scheine, daß er auf sein gutes Recht verzichten wolle, am 17. November 1520 seine Appellation an ein frei christlich Konzilium, das wirklich etwas sei, auch wenn der Papst mit seinen Drohungen es zu nichts machen wolle, „so er wohl weiß, daß, wiewohl es noch nit versammelt ist, so sind doch die vorhanden, die in ein Konzilium gehören, nämlich die christliche Gemeine." Und schon in der Schrift an den Adel hatte er dargetan, daß, falls der Papst es hindere, es Sache des Kaisers wäre, ein Konzil zusammenzuberufen. An den Kaiser selbst hatte sich Luther am 30. August gewandt mit der Bitte, es nicht zuzulassen, daß er ohne Verhör verurteilt werde, und jetzt ermahnte er in der Schrift gegen die Bulle des Antichrists Kaiser und Fürsten, nicht zu schweigen zu den aus der Tiefe kommenden Stimmen des Antichrists. —

Nach langen Wahlkämpfen hatte sich die deutsche Nation ein neues Haupt gegeben in dem Könige Karl von Spanien, dem Enkel Maximilians. Was erwartete man nicht alles von diesem Fürsten! Aller Herzen im Volke schlugen ihm entgegen. Man vernahm es gern, was er schon im Oktober 1519 den Ständen verkünden ließ, daß er Frieden und Recht und gute Ordnung im heiligen Reiche aufrichten wolle. Es belebte sich die Hoffnung, daß es diesem Beherrscher so weiter Länder gelingen werde, das Reich zu alter Macht und Herrlichkeit zurückzuführen. Wie er sein Regiment auffaßte, die absolutistischen Neigungen seiner spanischen Vorfahren gelegentlich auch gegenüber dem Klerus zur Geltung zu bringen verstand, davon wußte man wohl in Deutschland noch nichts. Wenn irgend jemand, da war kein Zweifel, in den augenblicklichen politischen und kirchlichen Wirren zu helfen, dem drohenden „Brand von ganz Germanien" entgegenzutreten vermochte, so war es der Kaiser. So dachte das Volk, so dachten die Fürsten, ein Friedrich von Sachsen und der Kurfürst von Mainz, die ihn in eindringlichen Worten schon am 19. Februar 1520 ermahnt, seine Reise ins Reich zu beschleunigen, da beinahe alles Recht, Gesetze und gute Sitten in der kaiserlosen Zeit zusammenzubrechen drohten.

Wie Luther selbst, erwartete ein großer Teil der deutschen Nation, daß er sich des unrechtmäßig gebannten Ketzers annehmen würde, andere, die dem Wittenberger Mönche feindlich gesinnt waren, wie Hieronymus Emser, hofften doch von ihm, daß mit seiner Hilfe eine ernstliche Reformation der Kirche zustande kommen würde; denn „alle Stände seien gebrechlich, zuvoran die Geistlichen vom obersten bis auf den niedersten", und wünschten ihm deshalb die Weisheit Salomonis und Daniels. Aber auch die päpstliche Kurie wußte, daß sie nur zum Ziele kommen könnte, wenn es ihr gelang, von der höchsten Gewalt die Vollziehung der Bulle auszuwirken.

So lagen die Verhältnisse, als Karl V. im Herbst des Jahres 1520 nach Deutschland kam, um sich am Grabe Karls des Großen die Kaiserkrone aufzusetzen und seinen ersten Reichstag zu halten. Er war noch sehr jung, kaum 20 Jahre alt, zart gebaut, von mittlerer Größe, blassen Antlitzes, noch bartlos, von ruhiger Haltung, ernster als es seine Jahre erwarten ließen, in jedem Zuge ein Spanier, obwohl er gern an seine niederländische Geburt erinnerte.

Es lag nahe, den jungen Fürsten für unselbständig zu halten: es komme nur darauf an, ihm und seinen Ratgebern die Dinge im rechten Lichte darzustellen. Jede Partei hielt es für ein Leichtes, ihm ihre Pläne in die Hände zu spielen, vor allen Dingen die Humanisten und Ritter, ein Ulrich v. Hutten und Franz v. Sickingen und Genossen, die sich als die Führer der lutherischen Partei gebärdeten und mit ihren Kriegsplänen die ganze Welt erfüllten.

Wer sie reden hörte, konnte meinen, es stände eine ganze Armee hinter ihnen, die nur ihres Winkes gewärtig war, und bisweilen glaubten sie es wohl auch selbst. Jedenfalls machte ihr Kriegsgeschrei Eindruck, ängstete die Romanisten, schürte das Feuer, vergrößerte die allgemeine Unruhe und verstärkte die Hoffnungen des gemeinen Mannes. Obwohl sie es ungern hörten, daß der Kaiser von einer großen Zahl kirchlicher Würdenträger umgeben sei, meinten sie doch, ihn schon deshalb leicht für sich gewinnen zu können, weil er ihnen verpflichtet wäre.

Und es war nicht zu leugnen, als es sich darum handelte, wer von den beiden Bewerbern, Franz I. von Frankreich oder Karl von Spanien, die deutsche Krone erhalten sollte, hatten die Ritter nach Möglichkeit für den letzteren Stimmung gemacht; ein Heerhaufen unter Sickingens Führung war nicht ohne Bedeutung dafür gewesen, daß man sich schließlich für den Spanier entschied. Hiernach glaubte man erwarten zu dürfen, daß der Kaiser sich ihnen, den Patrioten, dankbar erweisen würde. Es war nicht anders denkbar, als daß der Kaiser seinen Vorteil erkennen und sich der Ritterschaft, die doch einmal der Kern und Stern des Reiches wäre, bedienen werde, um Deutschland von dem römischen Joche zu befreien und Luthers Reformgedanken auszuführen.

>„Ich hoff die sach soll werden gut
>So Karolus, das edel plut,
>Die sach tät für sich nehmen."

So sang man im Liede, während Luther in seiner treuherzigen Weise, erfüllt von dem mittelalterlichen Gedanken, daß der Kaiser das Haupt der Christenheit, der Schutzherr der Kirche sei, meinen konnte, es sei nur nötig, dem jungen Fürsten die Augen zu öffnen, um ihn für das Evangelium zu gewinnen. So rechneten die einen; nicht minder geschäftig waren die anderen, den Kaiser von Luthers Ketzerei und von seiner Pflicht, der Kirche den strafenden Arm zu leihen, zu überzeugen. In Rom hatte man zwei Männer ausgewählt, die dem Kaiser entgegengeschickt wurden, den Protonotar Caraccioli und den Vorsteher der vatikanischen Bibliothek, Hieronymus Aleander. Besonders dem letzteren war die Vertretung der Sache gegen Luther übertragen. Er durfte als ein hervorragender Humanist gelten. Vor einem Jahrzehnt hatte er sich besonders als

Lehrer des Griechischen in Paris großes Ansehen erworben. Später war er in die Dienste des Bischofs von Lüttich, dann in die des Papstes getreten. Italiener von Geburt und Anschauung, hatte er auch noch in seiner letzten Stellung mit den deutschen Gelehrten in Beziehung gestanden. Vielleicht hat man ihn deshalb gerade für den geeignetsten Mann zu dieser Nuntiatur gehalten; indessen als er jetzt als päpstlicher Legat erschien, also als Gegner Luthers, galt er den Freunden als ein Verlorener, als ein Verräter an den schönen Wissenschaften und Schmeichler der römischen Curtisanen. Kein Mensch wollte etwas von ihm wissen. Glühender Haß folgte ihm auf allen seinen Wegen.

Der Kaiser hatte sein Hoflager in Flandern, in seinen Erb= landen, aufgeschlagen, als die päpstlichen Legaten ihn mit der Bulle erreichten. Sie hatten nicht nötig, ihn erst mit Luthers Sache bekannt zu machen. Er hatte längst Kunde davon; nicht daß er sich etwa eingehender mit der religiösen und kirchlichen Bedeutung der Frage beschäftigt hatte, welche die Nation, an deren Spitze er jetzt treten sollte, in so hohem Grade erregte, aber er hatte sie in den Kreis seiner politischen Berechnung gezogen. Bereits im Mai des Jahres 1520 hatte der kaiserliche Gesandte in Rom darauf aufmerksam gemacht, welcher Vorteil daraus zu ziehen wäre, wenn der Kaiser „einem gewissen Martin Luther einige Gunst angedeihen lasse, der sich am Hofe von Sachsen befinde und durch die Sachen, die er predige, dem römischen Hofe Besorgnis einflöße". Jetzt bekamen die Nuntien zu hören, daß der Kaiser dem Papste ge= fällig sein werde, wenn dieser ihm gefällig wäre und seine Feinde nicht unterstütze. Das waren die Gesichtspunkte, unter denen Karl V. und seine Räte die Angelegenheit betrachteten. Die Frage, ob dem armen Mönche, um dessen Verurteilung es sich handelte, Un= recht geschähe, kam gar nicht in Betracht. Daß derselbe ein Ketzer sei, nachdem ihn der Papst dafür erklärt, daran zweifelte Karl, aufgezogen in der strengsten Verehrung gegen die Kirche und ihr sichtbares Oberhaupt, keinen Augenblick. Der Gedanke, daß es seine Pflicht sein könnte, ihn gegen seine Feinde zu schützen, ist ihm ernstlich wohl niemals gekommen; aber man konnte die Sache hinhalten, die letzte Entscheidung an Bedingungen knüpfen, die der Papst vielleicht ohnedem weniger geneigt sein würde, zu erfüllen.

Wie hatte man sich doch auf beiden Seiten in diesem Manne getäuscht!

Es waren sehr bestimmte Gefälligkeiten, welche die kaiserliche Regierung von der römischen Kurie erwartete. Daß über kurz oder lang der Krieg mit Frankreich unvermeidlich war, unterlag keinem Zweifel, und eben jetzt verbreitete sich das Gerücht, daß der Papst, auf dessen Stellungnahme viel ankam, sich mit Franz verbinden wolle. Das mußte verhindert werden. Der andere Punkt betraf eine innere Angelegenheit des spanischen Reichs. Dort hatten vor kurzem die Stände von Arragonien vom Papste einige Breven ausgewirkt, durch welche die Macht der Inquisition nach gewissen Richtungen eingeschränkt werden sollte. Indessen glaubte die Regierung der bisherigen Inquisitionspraxis, die nach und nach zu einer wichtigen Stütze des absolutistischen Regiments geworden war, nicht entraten zu können, und verlangte daher die Rücknahme der päpstlichen Erlasse. Je nachdem die Verhandlungen über diese Punkte fortschritten oder einen Stillstand erfuhren, zeigte man sich im kaiserlichen Rate mehr oder weniger geneigt, auf die päpstlichen Wünsche einzugehen.

Daß der Kaiser ohne weiteres die päpstliche Bulle zur Ausführung bringen werde, wie der Legat erwartet haben mochte, erreichte er unter diesen Umständen zwar nicht, aber man kam ihm entgegen, und er hatte sogleich den Eindruck, daß der Kaiser ein sehr „christlicher" Fürst sei. Es gelang ihm, ein Edikt auszuwirken, welches die Verbrennung von Luthers Schriften in des Kaisers Erblanden befahl. Er beeilte sich, es selbst, und zwar zuerst in Löwen, zur Ausführung zu bringen. „Der Kaiser und seine Räte", rühmte er sich, „sahen die Bücher schon brennen, ehe sie sich noch recht bewußt geworden, daß sie das Mandat zugestanden." Aleander hielt diese Autodafés, die er nach Möglichkeit zu veranstalten suchte, für außerordentlich wichtig: dadurch würde die Bulle am besten bekannt gemacht; tue dann die Predigt der Mönche das Ihrige dazu, um das Volk über Luthers Ketzerei aufzuklären, so werde man bald gewonnenes Spiel haben.

Es konnte nicht fehlen, daß die Kunde von den ersten Erfolgen der päpstlichen Gesandten beim Kaiser die phantastischen Erwartungen der Ritter bedeutend ermäßigte. Indessen gaben sie die Hoffnung noch nicht auf. Eine enge Freundschaft zwischen dem Kaiser und einem Leo hielt Hutten für unmöglich. Er unterließ wenigstens nichts, um sie zu verhindern. Ein offenes Schreiben an den Kaiser, worin er ihm die römische Tücke offenbart, hatte diesen sogleich beim Betreten des deutschen Bodens begrüßt. Er wurde nicht müde, dasselbe, nur mit immer schärferem Wort, in immer drastischerer Weise zu sagen.

Eben damals schloß er sich auch fester an Sickingen an. Aus Mainz vom Hofe des Erzbischofs Albrecht von Brandenburg verjagt, hatte er auf der Ebernburg, Sickingens Feste, Aufnahme gefunden. Dort lebten sie nun zusammen und planten große Dinge für des christlichen Standes, aber auch des ihrigen Besserung. Mit wachsender Teilnahme vertiefte sich Sickingen unter Huttens Leitung in Luthers Schriften. Das Interesse an seinen religiösen Gedanken überwog bald die Bewunderung der kühnen Entschlossenheit des Wittenberger Mönches, die ihm zuerst des Ritters Herz gewonnen hatte. Er war bereit, in jeder Beziehung für ihn einzutreten. In seinem offenen, geraden Sinn, der sich so leicht hatte überzeugen lassen, konnte er meinen, dem Kaiser müßten die Augen aufgehen, wenn er nur einmal Luthers Schriften läse. Man sollte sie zu diesem Zweck ins Französische übersetzen lassen; zweitausend Gulden seines Jahrgehalts wolle er darum geben, ließ er sich vernehmen. —

Wie anders, wie viel klarer sah doch Luther die Wendung der Dinge an! Der Traum, daß sein mahnendes und strafendes Wort die Fürsten und Gewaltigen erwecken werde, mannhaft für das Evangelium einzutreten, war nur von kurzer Dauer gewesen. Während er fortfährt, sie zu ermahnen, zweifelt er bald am Erfolge. Schon im Oktober hatte er gehört, daß am Hofe des Kaisers die Bettelmönche die Herrschaft hätten und daß von Karl nichts zu hoffen wäre. „Kein Wunder", sagt er, „verlasset euch nicht auf Fürsten, sie sind Menschen, sie können ja nicht helfen." (Ps. 146, 3.) Und wenige Wochen später schrieb er an seinen Freund Spalatin: „Ich freue mich, daß du endlich siehst, daß die Hoffnungen der Deutschen töricht sind, so daß du lernen wirst, nicht auf Fürsten zu vertrauen, und aufhören wirst, am Urteil der Menschen zu hängen, ob sie nun meine Sache loben oder verurteilen. Wenn das Evan=

gelium so wäre, daß es durch die Machthaber der Welt verbreitet oder geschützt werden könnte, hätte es Gott nicht Fischern übertragen. Nicht ist es, mein Spalatin, die Sache der Fürsten oder der Prälaten dieser Welt, das Wort Gottes zu schützen, und nicht deshalb bitte ich um irgend jemandes Schutz, da sie vielmehr einander helfen müssen gegen den Herrn und seinen Christus. Was ich betreibe, betreibe ich vielmehr deshalb, daß sie durch ihren Dienst gegen mich sich selbst das Wort Gottes verdienen und durch dasselbe selig werden. Derer jammert mich, die es gehört und verstanden haben; denn es ist nicht möglich, daß sie ohne ewiges Verderben dasselbe verleugnen, verlassen und heucheln, worunter, wie ich fürchte, viele von unseren Feinden gefunden werden dürften. Man muß um den Geist der Tapferkeit beten. Es ist eine schwere Sache, mit allen Prälaten und Fürsten in Widerspruch zu stehen; aber es bleibt kein anderer Weg, um der Hölle und der ewigen Verdammnis zu entgehen."

Ihm selbst fehlte es an dem Geist der Tapferkeit nicht. Bereits im Juni hatte er erklärt, er werde mit einer Verbrennung des ganzen päpstlichen Rechts antworten, falls die Gegner, wie man drohte, seine Bücher verbrennen würden. Jetzt auf die Kunde, daß die Drohung zur Wahrheit geworden war, schritt er zur Tat. Es war kein augenblicklicher Ausbruch des Zornes, sondern eine wohlüberlegte Sache. Schon am 28. November wußte er von dem Treiben der geistlichen Legaten. Als Spalatin am 2. Dezember in Wittenberg war, hörte er, daß Luther die päpstliche Bulle sogar auf der Kanzel verbrennen wolle, er warte nur noch auf sichere Kunde von einem neuen Verbrennungsprozeß, der in Leipzig stattgefunden haben sollte; aber erst eine Woche später entschloß er sich, das Gegenstück vorzunehmen. Es war am 10. Dezember 1520, als die akademische Jugend durch folgenden Anschlag mit seinem Vorhaben bekannt gemacht wurde: „Jeder, der sich an das Studium der evangelischen Wahrheit hält, der sei um 9 Uhr außerhalb der Stadtmauer bei der heiligen Kreuzeskirche, wo nach altem und apostolischem Brauche die gottlosen Bücher der päpstlichen Institutionen und der scholastischen Theologie verbrannt werden sollen, denn so weit ist die Verwegenheit der Feinde des Evangeliums fortgeschritten, daß sie die frommen und evangelischen Bücher

Luthers verbrannt hat. Wohlan denn, du fromme studirende Jugend, tritt zusammen zu diesem frommen und religiösen Schauspiel; vielleicht ist jetzt die Zeit, in der der Antichrist offenbar werden soll."

Haufenweise strömten, wie begreiflich, die Scholaren zu der bezeichneten Stätte; unweit des Elsterthores, in der Nähe des Spitals, hatte man einen Scheiterhaufen errichtet. Luther legte die päpstlichen Rechtsbücher darauf, ein Magister zündete den Holzstoß an. Dann warf Luther die Bannbulle in die lodernde Flamme mit den Worten: „Weil du den Heiligen des Herrn betrübt hast, so verzehre dich' das ewige Feuer." Gleich darauf verließ er den Platz; ihn begleiteten die angesehensten Doktoren und Magister und sonstigen Universitätsangehörigen. Mehrere Hundert Studenten blieben jedoch beim Feuer zurück und trieben ihren Spott, indem die einen das Tedeum, andere über die Dekretalen Leichengesänge anstimmten. Das Feuer wurde unterhalten und nachmittags setzten die Studenten die Verbrennung fort. Unter allerlei Mummenschanz und Possen fuhren sie in der Stadt umher und brachten ganze Wagenladungen von Büchern von Luthers Gegnern zusammen, die sie dem Feuer überantworteten. Dieses Treiben der ausgelassenen Jugend war nun nicht nach Luthers Geschmack. Weder er noch Melanchthon oder Karlstadt hatten sich am Nachmittage sehen lassen. Ihm war es bitterer Ernst. Er wußte sehr wohl, was er getan, daß er nunmehr die letzte Brücke hinter sich abgebrochen; und sogleich am nächsten Tage nahm er in der Vorlesung Gelegenheit, seine Studenten darauf hinzuweisen, worauf es bei alledem ankäme: vor den päpstlichen Satzungen sollten sie sich hüten. Mit dem Verbrennen der Bulle und der päpstlichen Rechtsbücher sei es noch nicht genug; der Papst, das heißt, der päpstliche Stuhl, müsse verbrannt werden. „Wenn ihr nicht von ganzem Herzen dem Reiche des Papstes entsagt, könnt ihr eurer Seelen Seligkeit nicht erringen. Es hüte sich also jeder, der für seine Seele sorgen will, daß er nicht Christum verleugne, indem er dem Papste zustimmet."

Unterdessen waren die päpstlichen Legaten nicht müßig gewesen. Neben dem Kaiser schien es vor allen Dingen wichtig,

Luthers Landesherrn, den Kurfürsten Friedrich den Weisen, für sich zu gewinnen. An ihn hatten sie spezielle Breven und mündliche Aufträge. Da der Kurfürst um seines Podagras willen nicht an der Krönung Karls teilgenommen, sondern in Köln zurückgeblieben war, trafen sie erst nach derselben dort mit ihm zusammen. Friedrich wäre ihnen gern ausgewichen. Acht Tage, klagte später Aleander, habe der Kurfürst sie auf eine Audienz warten lassen. Da traten sie am 4. November in der Messe an ihn heran, übergaben ihm die päpstlichen Schreiben und wiederholten ihm den Wunsch des Papstes, er möge die Bulle vollziehen, Luthers Bücher verbrennen, ihn selbst strafen, oder gefänglich einziehen, oder nach Rom schicken. Mit großer Beredsamkeit schilderte Aleander das Verderben, das von Luther ausgehe, und wagte sogar die kühne Behauptung, daß der Kaiser und die übrigen Reichsfürsten den päpstlichen Forderungen nachkämen, er allein sei noch übrig.

Der Kurfürst vertröstete ihn auf späteren Bescheid. Der alte fromme Herr, der keinen größeren Schatz hatte als seine überreiche Reliquiensammlung in der Schloßkirche zu Wittenberg, nahm eine eigentümliche Stellung ein. Die heilige Schrift, auf die sich Luther stützte, war ihm ein teuer wertes Wort, er las gern darin, ebenso in Luthers Schriften, in denen er vieles als sehr christlich anerkannte; er schätzte auch Luther persönlich sehr hoch, aber er war weit davon entfernt, für seine Lehre Partei zu nehmen. Als ein Laie verstehe er davon nichts, darüber zu urteilen sei Sache der Kirche, deren gehorsamer, mittelalterlich-frommer Sohn er war. Aber Luther war sein Landeskind, die Zierde seiner Universität, dem dieselbe ihre Blüte und ihren Ruhm verdankte. So ohne weiteres wollte er ihn sich nicht rauben lassen. Er hielt es für sein Recht und seine Pflicht, ihn gegen jedes Unrecht zu schützen. Die päpstliche Kurie hatte ihn früher um seine Vermittelung ersucht. Luther war darauf eingegangen. Warum hatte man diesen Weg nicht weiter verfolgt? Bisher hatte noch niemand den Mönch widerlegt.

Und wenn den Kurfürsten irgend etwas in seiner Meinung, daß die Sache durch den päpstlichen Richterspruch längst noch nicht abgetan sei, bestärken konnte, so waren es die Äußerungen des von ihm hochgeschätzten Erasmus, den er tags darauf um seine Ansicht anging.

Erasmus hatte kein besonderes Interesse daran, die Angelegenheiten Aleanders, der ihm verächtlich war, zu fördern. Auf die Frage, ob auch er meine, daß Luther in seinen Schreiben und Predigten geirrt hätte, gab er in seiner sarkastischen Weise zur Antwort: „Ja, in zwei Stücken, nämlich daß er dem Papste an die Krone und den Mönchen an die Bäuche gegriffen hat." Derselbe Mann, der vor wenig Wochen schreiben konnte, er habe Luthers Schriften niemals gelesen, fand es hier angemessen, sich sehr günstig über ihn auszusprechen, das Verfahren gegen ihn als ein ungerechtfertigtes hinzustellen. Hierauf beschloß der Kurfürst, auf dem früher von ihm eingenommenen Standpunkt zu verharren. In seiner Antwort, die er durch seine Räte erteilen ließ, gab er unverhohlen seinem Unmut darüber Ausdruck, daß man neben Aleander auch noch dem Eck eine päpstliche Nuntiatur übertragen, und dieser in seiner Abwesenheit in sein Land mit der Bulle eingefallen sei. Was infolge dessen etwa dort geschehen, dafür könne er keine Verantwortlichkeit übernehmen. Für Luther irgendwie sich verwenden, wollte er auch jetzt nicht, nur bestand er darauf, daß, wie es früher vereinbart war, und wie Luther auch jetzt noch bereit, seine Sache gelehrten, frommen und unverdächtigen Richtern zur Beratung übergeben werde. Weder vom Kaiser noch von sonst jemandem sei er berichtet, daß Luthers Schriften dermaßen überwunden seien, daß sie verbrannt werden müßten. Wäre dies der Fall, so werde er sich so verhalten, wie ihm als gehorsamer Sohn der Kirche zukäme.

Das war alles, was die Legaten erreichten; „der schlaue Fuchs", wie Aleander seitdem den Kurfürsten in seinen Briefen zu nennen beliebte, erkannte die Bulle als nicht zu Recht bestehend an. Je weniger die Legaten dagegen machen konnten, um so mehr ließen sie ihrer Entrüstung darüber freien Lauf. „Wir werden diesen Herzog Friedrich wohl zu finden wissen", äußerte Caraccioli zu Erasmus, und Aleander ließ sich vernehmen: „Der Papst kann, wenn er will, zu Kaiser Karl sagen: ‚Du bist ein Handwerker.'"

Nicht ohne Grund hatte der Kurfürst in seiner Antwort auf die Forderung der Nuntien die Bemerkung einfließen lassen, daß er auch vom Kaiser noch nicht berichtet wäre, daß Luthers Schriften überwunden wären. Aleander beeilte sich, ihm diese Waffe zu entreißen, indem er, wie schon früher, bei dem kaiserlichen Rat ein Mandat beantragte, welches überall im Deutschen Reiche die Verbrennung von Luthers Büchern verordnete. Nachdem der Kaiser für seine Erbländer ein solches Edikt zugestanden, und es auch in Köln zugelassen, daß vor seinen Augen Luthers Bücher verbrannt wurden, glaubte Aleander, ohne große Mühe das gewünschte Mandat erhalten zu können. Die kaiserlichen Räte hatten ihm auch früher nach dieser Richtung hin Hoffnung gemacht und nur die Ausführung verschoben wissen wollen, weil vor der Krönung ein solches Edikt nicht mit der der Sache angemessenen Wirksamkeit erlassen werden könnte. Jetzt erklärten sie zu Aleanders nicht geringer Überraschung: gegen einen Deutschen ließe sich dies, wenn man nicht einen großen Skandal gewärtigen wolle, ohne Verhör nicht machen. In der Tat lagen die Verhältnisse in deutschen Landen anders. Hier galten noch die alten Konkordate, nach denen eine Appellation an ein Konzil zweifellos gestattet war, und soeben erst hatte Karl in seiner Wahlkapitulation geschworen, dieselben aufrecht erhalten zu wollen, und sich verpflichtet, niemanden, welchen Standes er auch sei, unverhört und ohne ordentlichen Prozeß in die Acht zu erklären.

Darüber, welchen Weg man von Reichs wegen einzuschlagen habe, war es ohne Zweifel wohl schon in Köln zu Verhandlungen zwischen dem kaiserlichen Minister Herrn v. Chièvres und Friedrich dem Weisen gekommen. Letzterer hatte jedenfalls seine alte Forderung erneuert, daß Luther nicht ohne Verhör gerichtet werden solle; doch war wohl auch schon die Frage erörtert worden, ob es nicht am tunlichsten wäre, Luther vor den Reichstag zu citiren, den der Kaiser auf Anfang Januar nach Worms berufen hatte. Diese Meinung gewann schließlich die Oberhand, und Aleander erfuhr, als der Kaiser Mitte Dezember nach Worms kam, daß man eine dahin gehende Aufforderung an den Kurfürsten von Sachsen gesandt habe; ja er hörte, daß es Stimmen im kaiserlichen Rate gebe, welche von Luther nur einen Widerruf dessen hören wollten, was schon von den Konzilien und Kaisern verurteilt worden wäre. Es scheine, als wolle man dabei weder des jetzigen Papstes noch der früheren Päpste Erwähnung tun, auch den Punkt von der Gewalt des päpstlichen Stuhles ganz unerörtert lassen. „O, diese

Büberei", fügt Aleander in seinem Gesandtschaftsberichte hinzu, — man sieht, worauf er echt römisch den Hauptwert legte.

Es steht dahin, wie weit man wirklich damals im kaiserlichen Rate an eine solche Behandlung der Sache dachte oder nur gegen die päpstlichen Legaten eine Pression ausüben wollte; jedenfalls hatte sowohl der kaiserliche Minister, dann der Kaiser selbst am 28. November an Friedrich geschrieben und ihm den Wunsch zu erkennen geben, Luther mit auf den Reichstag zu bringen und dafür zu sorgen, daß er unterdessen nichts gegen päpstliche Heiligkeit und den Stuhl zu Rom schreibe. Luther, von Spalatin um seine Meinung befragt, erklärte sich sofort bereit dazu, vor Kaiser und Reich zu erscheinen. Vom Kaiser gerufen zu werden, gilt ihm einem Rufe des Herrn gleich. „Wenn man mich ruft, werde ich, was an mir liegt, kommen, auch wenn ich mich müßte krank hinfahren lassen, wenn ich nicht gesund hinkommen könnte." Die große Gefahr, auf die ihn Spalatin wohl noch besonders aufmerksam gemacht hatte, verhehlte er sich nicht. „Greifen sie zur Gewalt", schrieb er, „wie es wahrscheinlich ist — denn um sich belehren zu lassen, lassen sie mich nicht rufen —, so muß man die Sache dem Herrn befehlen. Noch lebt und regiert derselbe, der die drei Knaben in dem feurigen Ofen des Königs von Babylon erhalten hat. Will er mein Haupt nicht erhalten, so ist es ein Geringes, verglichen mit Christus, der mit höchster Schmach zu aller Ärgernis und Verderben vieler getötet ist. Denn hier darf man nicht auf Gefahr oder Rettung Rücksicht nehmen; dafür ist vielmehr zu sorgen, daß wir das Evangelium, was wir einmal angefangen haben, nicht zum Spott der Gottlosen werden lassen und den Gegnern Gelegenheit geben, sich zu rühmen, als ob wir nicht wagten, zu bekennen, was wir gelehrt haben, und uns scheuten, unser Blut zu vergießen. Solche Feigheit bei uns und solches Rühmen bei jenen möge der barmherzige Gott abwenden. Amen."

Und die ganze Tiefe seines frommen Gemütes wie die deutsche Treue zu seinem Kaiser leuchtet daraus hervor, daß er dabei viel weniger an die eigne Gefahr als an die des Kaisers denkt. Er erinnert Spalatin daran, wie nach der Ermordung des Hus das Elend über Kaiser Sigismund hereingebrochen sei, wie ihm nichts mehr geglückt, wie er ohne Nachkommen gestorben, wie nachher auch

Ladislaus, sein Tochtersohn, zugrunde gegangen und in einer Generation sein Name verlöscht sei, — „jetzt bleibt das unsere einzige Pflicht, den Herrn zu bitten, daß Karls Regiment seine ersten Handlungen, um die Ruchlosigkeit zu schützen, nicht mit meinem oder irgendeines andern Blute beflecke: ich wollte lieber, wie ich es oft ausgesprochen habe, allein durch die Hände der Römlinge umkommen, damit nicht jener mit den Seinigen in diese Sache verwickelt werde".

„Da hast du meinen Plan und meine Ansicht. Alles magst du von mir glauben, nur nicht Flucht oder Widerruf, fliehen will ich nicht, widerrufen noch viel weniger. Dazu stärke mich der Herr Jesus!"

Noch ehe der Kurfürst von diesem am 21. Dezember geschriebenen Brief Kunde erhalten, hatte er selbst eine ablehnende Antwort abgehen lassen. Daß man trotz Luthers und seiner Bitte, die Sache vor ordentlichen Richtern verhandeln zu lassen, dessen Bücher in Köln und Mainz verbrannt habe, sah er als eine persönliche Beleidigung an. Er erklärte, er könne auch nicht dafür einstehen, wenn Luther etwa daraufhin weiter gegangen. Er bäte deshalb, ihn mit dem Auftrag zu verschonen.

Aber auch am kaiserlichen Hofe hatte sich seitdem die Stimmung geändert. Aleander hatte nach Möglichkeit dem ursprünglichen Plane entgegengearbeitet. Was ihm als das Allerwichtigste schien, war dies, daß die Frage, ob Luther mit Recht oder Unrecht verurteilt worden sei, ganz außer Spiel bleibe. Luther war durch die päpstliche Bulle definitiv verurteilt. Das mußte anerkannt werden, dann würde es sich darum handeln, wie man am tunlichsten an die Ausführung des Urteils gehen könnte.

Freilich, um die Rechtmäßigkeit der Bulle zur Anerkennung zu bringen, kennt er unter den obwaltenden Umständen doch auch kein besseres Mittel, als auf die Sache selbst einzugehen und Luthers Bosheit im grellsten Lichte darzustellen. Als er zum ersten Male (es wird am 15. Dezember gewesen sein) zur Sitzung des kaiserlichen Rates zugelassen wurde, führte er in seiner Rede, nach seiner eigenen Angabe die „ungeheuerlichsten und rohesten Ketzereien" Luthers an und suchte ihre Gefährlichkeit durch Berufung auf das Neue Testament und die alten Doktoren, „da der Hund von den neuen Theologen und Dekretisten nichts wissen wolle", zu erweisen. Mit dieser Begründung stellte er von neuem die Forderung, ein allgemeines Mandat gegen Luthers Bücher zu erlassen. Es kam zu keinem Beschluß. Es hieß, man müsse auf die Ankunft des Mainzer Kurfürsten warten, der als Erzkanzler des Reichs das Siegel bewahre.

Immerhin hatten Aleanders Ausführungen Eindruck gemacht, besonders als er scheinbar auf die Neigungen der kaiserlichen Räte einging, unter denen hauptsächlich Mercurinus Gattinara, der Kanzler, die Berufung Luthers für unumgänglich hielt, und er= klärte, daß er auch seinerseits Luthers Kommen wünsche, falls er nur widerrufen wolle; das würde er aber in Ewigkeit nicht tun. Und wenn er nun um des freien Geleits willen straflos bliebe, würde die Verwirrung noch ärger werden, würde alle Welt meinen, seine gottlose Lehre sei bestätigt. Zudem wünschten die Lutheraner gar sehr die Ankunft ihres „Mohammed" und verbreiteten schon, daß er kommen und Wunder tun werde. Der Kanzler versprach, die Sache aufs beste zu regeln.

Man hatte jetzt Grund, sich dem Papst gefällig zu erweisen, da sich die Kurie ebenfalls geneigt zeigte, den kaiserlichen Wünschen in der Frage von der spanischen Inquisition nachzukommen. Unter dem 12. Dezember erklärte Leo X., seine auf Abänderung der In= quisition gerichteten Breven zurücknehmen zu wollen. Eine fünf= stündige Unterredung des Legaten mit dem kaiserlichen Beichtvater, Joh. Glapio, mag dann das Ihrige dazu getan haben; kurz, am 17. Dezember, noch ehe sein erster Brief in die Hände des Kur= fürsten gekommen war, nahm der Kaiser denselben zurück. Die Begründung war eine höchst auffällige. Er habe in Erfahrung gebracht, giebt der Kaiser an, daß Luther in des Papstes höchsten Bann gefallen und alle Orte, in die er käme, vom Interdikt be= troffen werden würden, auch sonst für alle diejenigen, mit denen er verkehren würde, der Bann zu befürchten wäre; deshalb wolle er von einer Berufung desselben absehen. — Nur im Falle, daß Luther alles das, was er wider die päpstliche Heiligkeit, den römi= schen Stuhl und die Gesetze der Konzilien geschrieben, widerrufen und sich dem römischen Stuhl unterwerfen wolle, solle er mit auf den Reichstag gebracht werden, zwar nicht nach Worms, aber etwa bis nach Frankfurt oder einem andern in der Nähe gelegenen Ort.

Man sieht, Aleander konnte einen Erfolg verzeichnen: nur im Falle des Widerrufs solle Luther kommen. Aber wozu war das dann noch nötig? Und warum nur bis nach Frankfurt, das doch ebenso gut dem Interdikt verfallen würde wie Worms? Wollte man den Mönch vielleicht doch noch gebrauchen? Jedenfalls hatte der Kaiser nur zur Hälfte den päpstlichen Wünschen entsprochen, wie der Papst ihm noch nicht in der französischen Frage gewillfahrt. Noch war nichts entschieden. Jeden Augenblick konnte die Sache wieder aufgenommen werden.

Der Fernerstehende sah freilich daraus nur, daß man Luther nicht hören wolle. Ein Sturm der Entrüstung ging durch ganz Deutschland. Hutten, der eben damals die Bulle gegen Luther mit „gesalzenen" Glossen herausgab und in lateinischen und deutschen Gedichten gegen die Verbrennung von Luthers Büchern protestirte, schürte in alter Weise.

Immer gewaltiger gährte es, trafen die Gegensätze auf einander, denn auch die Römer blieben nichts schuldig. Eck, Emser, Murner wußten zu antworten. Wie Luther wandte sich der letztere in deutscher Sprache an den Kaiser und den großmächtigsten und durchlauchtigsten Adel deutscher Nation mit der Bitte, einzustehen für den alten Glauben gegen Luther, der unter dem Deckmantel des christlichen Glaubens zu Aufruhr anreize. Auch diese Schriften, die an Wärme und Begeisterung hinter denen der Gegenpartei nicht zurückstanden, wurden gelesen und vermehrten die Verwirrung.

Luther selbst empfand es schmerzlich, daß der Kaiser seine Berufung zurückgezogen. Er ist sich bewußt, daß man bis jetzt nur gespielt hat. „Ernsteres steht bevor. Aber es ist alles in Gottes Händen", schreibt er an seinen alten Lehrer und Freund Staupitz. Mit Ernst und Entschiedenheit erklärt er sich gegen die Gewaltpläne Huttens, aber er sieht doch selbst schon den Tumult hereinbrechen. „Vielleicht soll schon jetzt", meint er einmal, „die große Flut hereinbrechen", welche die Astrologen auf das Jahr 1524 geweissagt hatten. Im Hinblick darauf weiß er kein anderes Mittel, als zu beten für das Wort, durch welches allein, nicht durch Mord oder Gewalt, die Kirche wiederhergestellt und der Antichrist vernichtet werden wird.

Welcher Gegensatz bestand doch zwischen den beiden Männern, die damals in Deutschland die Papstkirche und den Glauben an das Priestertum aller Gläubigen repräsentirten, dem päpstlichen Legaten Aleander und dem Wittenberger Mönch! Hier so ganz allein das Vertrauen auf die gerechte Sache, die Gottes Hand zum Siege führen wird, vielleicht durch die Frommen und Gottesfürchtigen, vielleicht auch ohne sie, dort allein die schlaue Berechnung, die wenn Drohung und Gewalt nichts vermögen, die erbärmlichen Schwächen und Fehler der Menschen benutzt, um zu ihrem Ziele zu kommen.

Wie anders auch ihre Ziele! Immer wieder erklärte Luther, daß er sich wolle weisen lassen, damit die Wahrheit an den Tag komme. Aleander verfolgte nur den einen Gesichtspunkt, die Autorität des Papstes unverletzt zu erhalten. Das ist ihm Heil und Christentum. Daß es sich um eine Sache handelte, die in seinen Augen irrig sein mochte, die aber doch die Gewissen von vielen Tausenden beunruhigte, auch nachdem der Papst sein Urteil gesprochen, scheint er nie in den Kreis seiner Überlegungen gezogen zu haben. Die ganze Angelegenheit war ihm lediglich eine Machtfrage. Seine eigenen religiösen Bedürfnisse waren selbst zu gering, als daß er das leiseste Verständnis für die Gewissensnot des deutschen Volkes zu haben vermochte. Nur einmal lesen wir in seinen Briefen während des Wormser Aufenthaltes, wie es scheint, in der Karwoche, daß er Zeit fand, „sich ein wenig mit Christus und seinem Gewissen zu beschäftigen". Da war es kein Wunder, wenn er überall nur gemeine selbstische Motive sah. Luther, der „Hund", der „Basilist", der „Satan", ist nur von Stolz und Ehrgeiz erfüllt, seine Anhänger nur lüstern nach Kirchengut. Mit Entschiedenheit dringt der Nuntius zwar darauf, daß man in Rom einige Mißstände abschaffe, den unersättlichen fremden Pfründenjägern Zügel anlegen solle; sein Hauptvertrauen setzt er jedoch auf die weltliche Macht, deren Pflicht es sei, die Entscheidung des römischen Stuhles auszuführen. Um die großen und die kleinen Machthaber zu gewinnen, bedarf es vor allem „Eifer und Schlauheit". Mit widerwärtiger Offenheit erklärt er dem Papst, die Gegner seien nur mit süßen Worten zu überwinden, man müsse ihnen „Meere und Berge, Hüte und Hütchen" (d. h. hohe kirchliche Stellen) versprechen. Es nütze nichts, mit Gründen des Glaubens oder der Religion oder der Seligkeit, mit Segen oder Fluch vorzugehen, „denn die ganze Welt ist lau geworden im Glauben, lacht darüber". „Was ich schreibe", setzt er hinzu, „ist die reine, gleichsam evangelische Wahrheit."

Das waren die Grundsätze, nach denen Aleander verfuhr. Von dem Kaiser blieb er überzeugt, daß er ein wahrhaft katholischer Fürst sei, der beste Mensch der Welt, ein ganzer Katholik, aber er mußte bemerken, daß in seiner Umgebung sich Leute fänden, die sich auch von anderen als kirchlichen Erwägungen leiten ließen, wie der Großkanzler Mercurinus Gattinara und Chièvres, der als früherer Erzieher des Kaisers einen großen Einfluß habe, noch größeren freilich der kaiserliche Beichtvater, Joh. Glapio, der Franziskaner, der beim Kaiser beinahe alles vermöge. Sie alle galt es zu gewinnen, ebenso die vielen anderen Prälaten, die sich am Hoflager befanden, wie die weltlichen Fürsten, die sich allmählich zum Reichstage einstellten.

Mit rastloser Tätigkeit verfocht der Legat seine Sache. Es war keine Ruhmredigkeit, wenn er nach Rom berichtete: „Gott strafe mich, wenn ich, so viel an mir liegt, jemals den kleinsten Augenblick versäumt habe, in dieser Sache zu wirken." „Tag und Nacht sind wir beim Kaiser und beim Beichtvater und den Mitgliedern des geheimen Rates und mühen uns ab, das Ansehen unseres Herrn unangetastet zu erhalten." Überall verstand er es, die schwachen Seiten zu entdecken; überall war er freundlich und zuvorkommend, auch wo er haßte. Wo Mahnungen, Vorstellungen nichts fruchteten, mußten es Versprechungen erreichen. Auf alles geht er ein, jedes Anliegen ist ihm beachtenswert; dem einen verspricht er dieses, dem andern jenes. Bei einigen scheint ein freundliches Wort der Anerkennung vonseiten des Papstes zu genügen, andere müssen stärker angefaßt werden; ein Kardinalshut, eine Pfründe, oder wenigstens die Anwartschaft darauf, würde es vielleicht tun, gleichviel, ob die Rechte anderer dabei verletzt werden. Bei dieser hochwichtigen Sache muß das allgemeine Interesse im Vordergrunde stehen. Als käuflich gilt ihm jeder. Nur kein Geld sparen in dieser Angelegenheit! Überall hat er seine Beziehungen, unterhält er Späher, die ihn von allem unterrichten; in der Kanzlei des Kaisers hat er seine Horcher, ja bis in die Höhle des Löwen auf der Ebernburg spinnt er seine Fäden.

Es wurde ihm nicht leicht gemacht. Haß und Verachtung fand er auf der einen, Lauheit und Unzuverlässigkeit auf der andern Seite. Es wird kaum als Übertreibung bezeichnet werden dürfen, wenn er inmitten der aufgeregten Menge sein Leben bedroht sah. Auch über Rom hatte er zu klagen. Dort unterschätzt man die Wichtigkeit der Sache. Anstatt seine Bemühungen zu unterstützen und zu fördern, leiht man Neidern und Verleumdern sein Ohr. Aber unter all den Mühseligkeiten behält er unentwegt sein Ziel im Auge, Luther zu vernichten und das Ansehen des Papstes zu erhöhen.

Selten hat die Kurie einen rührigeren Verfechter ihrer Sache, selten einen rückhaltloseren Vertreter ihrer diplomatischen und praktischen Grundsätze gehabt. Er stand nicht an, die furchtbare Drohung auszusprechen: „Wenn ihr Deutschen, die ihr das wenigste Geld an den Papst bezahlt, das römische Joch abschüttelt, so werden wir dafür sorgen, daß ihr euch gegenseitig totschlagt und in eurem Blute waten sollt."

War es da ein Wunder, wenn die Erbitterung wuchs, wenn Luther, trotz des dringenden Wunsches seiner Freunde und des Kurfürsten, seine scharfe Schreibweise ebenfalls nicht zu mäßigen vermochte, auch einmal in einem Briefe den Wunsch aussprach, daß Hutten, wie dieser gedroht, Aleander wirklich „abgefangen" hätte?

Wie erzählt, hatte der Legat zunächst einen kleinen Erfolg gehabt. Ohne Zweifel kam ihm auch die Kunde von Luthers Verbrennung der Bannbulle zustatten. Es war leicht, daran zu zeigen, wie unbotmäßig sein ganzes Handeln wäre. Die Nachricht davon hatte eine große Aufregung in Worms hervorgerufen. Zugleich wollte man aber auch wissen, so berichtete der venetianische Gesandte in seine Heimat, daß das Volk, das ihm überall anhinge, nimmermehr dulden werde, wenn etwa der Kurfürst von Sachsen ihn vertreiben oder sonstwie zu strafen beabsichtigen sollte. Es stand schon fest, daß die Sache nur auf dem Reichstage zum

Austrag kommen könne. So hatte sich auch Karl V. entschieden, als der Legat am Weihnachtsfeste, nachdem er das Sakrament genossen, des Kaisers andächtige Stimmung dazu benutzte, um mit Ungestüm von ihm die Vernichtung des „Ketzers und Verfolgers des Glaubens" zu fordern. Es würde sich gebühren, hatte er geantwortet, den Grund der Sache zu erkunden, auch die Reichsstände zu vernehmen.

Bei diesen bildete Luthers Angelegenheit das Tagesgespräch. Jeder neue Ankömmling wußte Neues zu erzählen. Man riß sich um die Bilder von Luther, die in Massen verbreitet wurden; oft stellte man ihn gemeinsam mit Hutten dar, mit lobpreisenden Versen, die wenig nach seinem Sinne gewesen sein dürften. Der Kurfürst Joachim von Brandenburg, der sich bald als der erbittertste Gegner Luthers zeigte, hatte sich ihn bei der Durchreise durch Wittenberg vorführen lassen. „Sie wollten doch den Menschen sehen", schrieb Luther.

Noch ehe der Reichstag begann, wurde die Glaubensangelegenheit im kaiserlichen Rate fleißig erwogen. Friedrich der Weise erfuhr, daß man alle Tage darüber saß, Luther in Bann und Acht zu tun und aufs höchste zu verfolgen. „Das tun die mit den roten Hütlein und die Römer mit ihrem Anhang; sonst sind auch viel Leute, die ihm Gutes gönnen, Gott segne es nach seinen Gnaden", berichtete er seinem Bruder Johann.

Viele hielten jetzt Luther für verloren, glaubten jedoch, daß es ohne Aufruhr nicht abgehen würde. Der fromme Nürnberger Ratsherr Lazarus Spengler meinte, „so der Kaiser und die Kardinäle nicht den Herrgott mit unter die Räte aufnehmen, werde der wohl selber ins Spiel kommen und wunderbare Dinge wirken".

Am 3. Januar geschah endlich, was Aleander längst begehrte. Der Papst erneuerte und verschärfte die Bannbulle gegen Luther und alle seine Anhänger, nachdem die ihm bewilligte Frist zum Widerruf abgelaufen. Am 18. Januar richtete er ein darauf bezügliches Breve an den Kaiser. Der Papst rühmt darin das bisherige Verfahren Karls, von dessen trefflicher Gesinnung der Legat so überzeugte Berichte nach Rom gesandt, setzt noch einmal die Ruchlosigkeit Luthers auseinander und legt ihm dringend ans

Herz, nunmehr dem Beispiel seiner Vorfahren zu folgen, die
nicht nur die Ketzer selbst, sondern auch ihre Bücher verbrannten,
um ihr Andenken von der Erde zu vertilgen. Vergeblich würde
er mit dem Schwerte der höchsten irdischen Gewalt umgürtet sein,
wenn er es nicht wie gegen die Ungläubigen so auch gegen die
viel schlimmeren Ketzer gebrauche. Jetzt würde ihm zum ersten Male
Gelegenheit geboten, zu zeigen, wie sehr ihm die Eintracht und der
Ruhm der katholischen Kirche am Herzen liege. Zwei Tage vor=
her hatte der Papst sein dem Kaiser einen Monat früher gegebenes
Versprechen erfüllt. Die päpstlichen Breven inbezug auf die spa=
nische Inquisition wurden unterdrückt.

So lagen die Dinge, als der Kaiser den Reichstag, dessen Be=
ginn durch Rangstreitigkeiten verzögert worden war, am 28. Januar
eröffnete.

Es war eine stattliche, überaus zahlreiche Versammlung, wie
sie seit dem Konstanzer Konzil nicht wieder vorgekommen sein
mochte. Die kirchliche Frage stand wie begreiflich im Vordergrunde,
die Verhandlungen über die wichtigen Einrichtungen, Reichsregiment
und Kammergericht, wurden zeitweilig suspendirt, um sich mit
ihr allein zu beschäftigen. Beide, die deutschen Stände wie der
päpstliche Legat, hatten das gleiche Interesse, die Angelegenheit be=
schleunigt zu sehen.

Alle waren darüber einig, daß etwas Durchgreifendes geschehen
müsse, um die täglich wachsende Verwirrung und bedrohlicher
werdende Unruhe zu beseitigen. Aber über das Wie ging man
sehr weit auseinander. Unter den Deutschen stellten sich doch nur
wenige, wie Joachim von Brandenburg, rückhaltlos auf Seiten der
Kurie. Sehr viele sahen gegenwärtig den Moment gekommen, von
dem römischen Stuhl Konzessionen zu erlangen. Am meisten er=
wärmte man sich für den Gedanken, die Angelegenheit durch ein
Konzil zum Austrag zu bringen. Auch im kaiserlichen Rat er=
hoben sich oftmals Stimmen dafür. Und hierin lag, das erkannte
Aleander sogleich, für die Kurie die größte Gefahr. Wenn irgend
etwas, mußte dies hintertrieben werden.

Am Aschermittwoch, es war der 13. Februar, durfte der
päpstliche Legat das erste Mal seine Anliegen vor den Reichstag
bringen. Merkwürdig, wie das eingerichtet worden war. Niemand

von den Ständen war darauf vorbereitet, niemand wußte etwas davon, als der Kaiser, seine Räte und Aleander, mit dem dies den Tag vorher verabredet worden war. Es sollte ein Turnier stattfinden, man erwartete schon die Ankunft des Kaisers, als die Kurfürsten und Fürsten plötzlich zu Hofe beschieden wurden. Friedrich von Sachsen ließ sich entschuldigen und schickte statt seiner seinen Kanzler Brück mit einem Rate.

Hier wurde nun dem Kaiser das päpstliche Breve überantwortet und von dem Abte von Fulda verlesen; darauf erhielt der Legat die Erlaubnis es zu befürworten, was er in einer mehr als dreistündigen Rede tat.

Man hätte meinen sollen, der Vertreter des Oberhauptes der Christenheit würde sich vor allem in tiefster sittlicher Entrüstung gegen das wenden, was Luther wider die Glaubenslehre der römischen Kirche zu sagen gewagt hatte; indessen Aleander hatte schon lange genug unter den Deutschen verkehrt, eines jeden Gemüt und Meinung unter den Fürsten oder Räten erforscht, um nicht zu wissen, daß er, um Eindruck zu machen, einen andern Weg einschlagen mußte; auch sah er selbst in Luthers Widerspruch in der Glaubenslehre nur die hochmütige satanische Auflehnung gegen die Autorität des Papsttums. Diese war aber auch bei sonst gut Römisch=Gesinnten in Verfall gekommen. Es mußte darum zuerst gezeigt werden, daß Luther ein politisch gefährlicher Mann sei. Damit begann er sogleich. „Es ist öffentlich am Tage", setzte er auseinander, „daß Luther Aufruhr und Empörung unter dem Volke erweckt hat." Wie die Böhmen, jene verhaßtesten unter allen Ketzern, unter dem Namen des Evangeliums Gehorsam und Ordnung unterdrückt, so versuche Luther mit seinen Anhängern, Recht und kaiserliches Gesetz, ja alle Obrigkeit umzustoßen. Es sei klar, was daraus werden müsse. Um größeres Unheil zu vermeiden, habe der Papst als erfahrener Arzt alle Mittel angewendet, um das räudige Schaf von der Herde zu scheiden. Nun sei es Sache des Kaisers, seines Amtes als Advokat und Beschützer der Kirche zu warten. Des Beispiels seiner Vorfahren eingedenk, werde er nimmermehr den dulden, der Johannes Hus und Hieronymus von Prag, die zu Konstanz verdammt und verbrannt seien, aus der Hölle hervorrufe.

Und was hat dieser Luther nicht alles gethan; selbst bis zu den Türken und Heiden ist schon die Kunde von der neuen Ketzerei gedrungen! Und wie mild und freundlich hat der Papst, als ein guter Hirte, ihn auf den richtigen Weg zurückzuführen gesucht! Als alles vergeblich gewesen, habe er ihn durch eine Bulle verdammt. Man habe deren Echtheit bezweifelt und sie nicht zur Ausführung bringen wollen, unter dem Vorgeben, daß der Papst davon nichts wisse. Daraufhin habe er sich das Originalexemplar kommen lassen, was jeder einsehen könne.

Indessen wolle er dem Kaiser und den Fürsten die Irrtümer Luthers selbst nachweisen. Man höre nur die Artikel, die er erst kürzlich geschrieben, „die allein würdig wären, daß man hunderttausend Ketzer darum verbrenne".

Zu diesem Zweck führte Aleander aus einer Reihe von Luthers Schriften, besonders aus denen, die er gegen die päpstliche Bulle veröffentlicht, aber auch aus der Schrift von der babylonischen Gefangenschaft und der Freiheit eines Christenmenschen nach seinem eigenen Ausdruck „grausame Ungeheuerlichkeiten" an. Daraus gehe klar hervor, daß er alles lehre, was schon auf dem Konzil zu Konstanz verurteilt sei. Er billige die Artikel des Hus, die des Wiclef, damit auch die Leugnung der Gegenwart Christi im Abendmahl — was Luther nie getan hat —, verwerfe das Fegefeuer, mache alle getauften Christen zu Priestern („welch' eine Verkleinerung des priesterlichen Standes"), sündige gegen die Heiligen, die weltliche Obrigkeit und sogar die Konzilien; hat er doch gewagt, das Konstanzer Konzil, auf dem auch der Kaiser Sigismund gewesen, einen Teufelspfuhl zu nennen.

Trotzdem hingen ihm viele an, weil er sich auf die Schrift berufe; aber das sei der Ketzer Weise, ihre Lehre durch die Schrift zu bewähren und sie doch anders zu verstehen als die Kirche. Auch der Teufel führe die Schrift im Munde, wie man aus dem Evangelium ersehen könne.

Es gäbe Leute, die Luther für einen frommen Mann hielten. Aber wenn der Teufel die Leute verführen wolle, so tue er das unter dem Schein des Guten. Wäre er wirklich ein frommer Mann, so würde er nicht mehr wissen wollen als die heiligen Väter.

Etliche meinten, man solle Luthers Bücher darum nicht verbrennen, weil auch Gutes darin sei. So habe man auch die Bücher des Origenes trotz seiner großen Irrtümer bestehen lassen. Aber dieser Vergleich sei falsch. Denn zu Origenes' Zeiten war niemand, der ihn belehren konnte. Luther sei aber trotz aller Belehrung verstockt geblieben. Die Ketzer und ihre Bücher zu verbrennen, sei altes Herkommen.

Endlich wollten einige, um einen Aufruhr im Volke zu vermeiden, Luther nach Worms kommen lassen, um ihn zu hören. Warum hat er sich nicht vom Papste weisen lassen, der ihm doch freies Geleit angeboten? Er will sich nicht weisen lassen und nur „zur Stärkung seines Mutwillens und aufrührerischen Vornehmens" hat er an ein Konzil appellirt, derselbe, der es öffentlich ausgesprochen, daß das Konzil zu Konstanz dem Hus und Hieronymus von Prag Unrecht getan. Es ist Sache des Kaisers, der Kurfürsten und Fürsten, weltlichen und geistlichen Standes, die Schmach, die damit ihren Vorfahren auferlegt worden, abzuwenden.

Wenn nun Luther die Konzilien nicht anerkenne, wer solle Richter in der Sache sein? Der Kaiser wisse, daß ihm das nicht zustehe, viel weniger anderen Laien. Aus allen diesen Gründen sei es dringend notwendig, einer weiteren Ausbreitung der Ketzerei vorzubeugen, deshalb ersucht er ein allgemeines Edikt für das Reich ausgehen zu lassen, welches allenthalben Luthers Bücher zu verbrennen verordne, sie zu drucken, zu kaufen oder verkaufen verbiete.

Aleander schrieb nach Rom, er habe auf die Aufforderung des Kaisers, „nur alles herauszusagen, so gesprochen, als ob er zwanzig Jungens eine Lektion gebe" — darin ist in der durchaus maßvoll gehaltenen Rede, welche die sächsischen Räte für ihre Herren nachschrieben, nichts zu finden —; auch sonst behauptet er, manches zur Verherrlichung des römischen Stuhls gesagt zu haben, was er angesichts der herrschenden Stimmung wohlweislich unterlassen hat. Aber er hatte sehr geschickt gesprochen, indem er sich ganz gegen seine eigene Anschauung auf den Standpunkt der deutschen Nation stellte, die noch immer auf das Konzil zu Konstanz mit Stolz zurückblickte, ohne sich darüber klar zu sein, wie wenig sie noch von den Errungenschaften desselben besaß. Und dieses heilige

Konzil hatte Luther angegriffen und damit auch die deutsche Nation, in jenem Kaiser Sigismund auch die Majestät Kaiser Karls. Mehr als einmal kommt er auf diesen Punkt zurück. Luther hatte an ein Konzil appellirt. Gerade die Konzilsfrage sollte ihn verderben. Es war klar, auf alle diejenigen, die in einem Konzil den alleinigen Ausweg sahen, mußte die Rede großen Eindruck machen, zumal sich Aleander gehütet, an das päpstliche Verbot einer Appellation an das Konzil zu erinnern, welche die Bulle allein schon als ketzerisch bezeichnet hatte.

Der Kaiser erklärte sich jetzt bereit, den Wünschen des Legaten nachzukommen. Die Gefälligkeit des Papstes war einer anderen wert. Wahrscheinlich noch an demselben Tage in der nämlichen Sitzung wurde den Fürsten ein Edikt vorgelegt, welches durchaus den Ausführungen Aleanders entsprach und in seinem Sinne abgefaßt war. Von einem Verhöre sei abzusehen, weil dies unnötig, ja ungebührlich wäre einem Menschen gegenüber, der das lehre, was die Konzilien längst verurteilt hätten. Als Schirmherr der Kirche befiehlt daher der Kaiser den Ständen des Reiches, bei Strafe der Acht die Schriften Luthers zu verbrennen und seine Person gefänglich einzuziehen.

So ohne weiteres waren die Stände natürlich nicht gewillt, dem kaiserlichen Vorschlage beizustimmen. Zumal in den städtischen Kreisen war man entrüstet, daß die Legaten durch ihr „unaufhörlich Anhalten und Laufen", wie durch die päpstlichen Breven ihren Willen durchgesetzt hatten. Der Nürnberger Gesandte ärgerte sich darüber, daß nun auch das Wohlwollen und Gunst gegen Luther, also „auch die Gedanken, die doch sonst nach gemeinem Sprichwort zollfrei wären", verboten sein sollten.

Man trat darüber sogleich in Beratung. Alles andere wurde zurückgestellt.

Es begreift sich, daß man in Kreisen, in denen man die Dinge politisch aufzufassen gewohnt war und die inneren Motive der kaiserlichen Politik nicht kannte, darüber erstaunt war, daß der Kaiser aus der deutschen Bewegung so wenig Vorteil gegen den Papst ziehen und mit ihm gemeinschaftliche Sache machen wolle. Am Hofe von Kursachsen zweifelte man wohl daran, wie weit es ihm damit ernst sei. Bei den obwaltenden Beratungen war es sicher wünschenswert, sich darüber Klarheit zu verschaffen, wie sich der Kaiser persönlich zur Sache Luthers stellte. Zu dem Ende beauftragte der Kurfürst seinen Kanzler Dr. Brück — allem Anschein nach vor Aleanders Rede —, den Beichtvater auszuforschen, denn daß der Kaiser von diesem im höchsten Maße beeinflußt wurde, war allgemeine Ansicht.

Joh. Glapio, der Franziskaner, war in seiner Weise ein frommer Mann mittelalterlichen Schlages. Den Gedanken an eine Reformation der Kirche, soweit sie die Wiederherstellung äußerer Ordnung, Zucht und Sitte betrafen, war er keineswegs abgeneigt, konnte sich sogar dafür erwärmen. Ebendeshalb schätzte er auch den Erasmus, war ihm jeder recht, der seine Stimme gegen das Verderben in der Kirche erhob. Gegen die Schäden der päpstlichen Kurie war er nicht blind, seine Ergebenheit gegenüber dem Papste hatte seine sehr bestimmten Grenzen. Er empfand zuweilen, daß man seine Bedeutung als kaiserlicher Beichtvater in Rom nicht genügend würdigte, ihn nicht genügend ehrte. Aleander, dem er dies zu erkennen gegeben hatte, und der die Wichtigkeit des Mannes keinen Augenblick verkannte, hatte sich beeilt, ihm einige Aufmerksamkeit von Rom zu verschaffen, eine Anerkennung seiner Verdienste, ein besonderes päpstliches Breve. Seitdem hielt er ihn für sicher. Der Legat war es auch gewesen, der ihn aufs eingehendste mit Luthers Lehre bekannt gemacht hatte. Darauf hatte Glapio Luthers Schriften auch selbst vorgenommen, besonders die wider die Bannbulle geschriebenen und die von der babylonischen Gefangenschaft. In seinem Exemplar derselben hatte er sich zu jedem einzelnen Punkte Randbemerkungen gemacht.

Da war es nun sehr merkwürdig, wie er sich auf Brücks Anfrage, wie er und der Kaiser sich zu Luthers Sache stellte, vernehmen ließ. Er gab an, daß ihn Luthers erste Schriften hoch erfreut hätten; er habe in ihm ein „neues edles Gewächs" erkannt, das der Kirche viele segensreiche Früchte bringen könnte. Ebenso habe der Kaiser früher an seinem Schreiben Gefallen gehabt. Um so mehr sei er über Luthers Schrift von der babylonischen Gefangenschaft erschrocken. Er könne nicht glauben, daß Luther sich zu diesem Buche bekennen werde, es sei auch gar nicht sein Stil. Sollte er es aber wirklich geschrieben haben, so hätte ihn wohl der Zorn über die päpstliche Bulle übermannt. Übrigens sei keine Wunde so groß und so böse, daß sie nicht geheilt werden könne. Dazu würden sich schon noch Mittel und Wege finden. Auch der Kaiser wäre der Ansicht, daß ein solcher Mann mit der Kirche versöhnt werden müsse.

Auf des Kanzlers Veranlassung ließ sich Glapio herbei, eine große Zahl von Artikeln aus Luthers Schrift „von der babylonischen Gefangenschaft" und der „Rechtfertigung der verdammten Artikel" auszuziehen, welche ihm besonders anstößig waren. Die sollte Luther widerrufen, meinte der Beichtvater, oder doch erklären, daß er sie im kirchlichen Sinne verstanden haben wolle; sei doch kein Artikel so ungeschickt, „es möchte ein christlicher Verstand und guter und katholischer Sinn daraus gezogen und darin verstanden werden".

Es waren so ziemlich die wichtigsten Sätze Luthers, vom allgemeinen Priestertum, seine Lehre von der Kirche, von den Sakramenten 2c. Sie waren für Glapio wie das ganze Buch von der babylonischen Gefangenschaft leere Worte. Von der Schrift als Glaubensgrundlage wollte er nichts hören, die könnte „ein jeder zerren und dehnen wie weiches Wachs".

Mit dem Verfahren der Kurie und ihrer Legaten ist er keineswegs einverstanden. Die Behauptung der letzteren, daß der Kaiser in diesen Dingen keine Befugnis habe, hält auch er für eine Anmaßung. Es sei des Kaisers Pflicht und sein Wille, zur Reformation der Kirche mitzuwirken. Er erklärt, Karl V. mit der Strafe des Himmels gedroht zu haben, wenn er nicht die Kirche von den Mißbräuchen befreien werde.

Die päpstliche Bulle gegen Luther sei kein Hindernis. Sie könne zurückgenommen werden, zumal Luther nicht gehört worden wäre. Öffentliche Verhandlungen hält er für nutzlos, doch zeigt er sich geneigt, auf den Lieblingsgedanken des Kurfürsten einzugehen, die Angelegenheit gelehrten und unverdächtigen Männern zur Beurteilung vorzulegen, alles dies in der Voraussetzung des Widerrufs der bewußten Artikel. Dies will er schon den kaiserlichen Räten vorgeschlagen haben und will fernerhin darüber mit dem Kaiser verhandeln, damit nur Luthers treffliche Auslassungen, das heißt, die gegen das äußere Verderben in der Kirche gerichteten, erhalten blieben.

Es ist nicht ganz klar, wie weit es dem gewandten Mönche damit ernst war. Derselbe Mann, der dem Kanzler gegenüber das Verfahren der Kurie gegen Luther für unbillig erklärte, hatte sich kurz vorher vom päpstlichen Legaten 400 Exemplare der Bulle erbeten, um sie unter seinen Ordensbrüdern zu verbreiten. Erasmus urteilte von ihm, daß sein Charakter so undurchsichtig wäre, daß man ihn auch nach zehn Jahren des Zusammenlebens nicht durchschaute. Sicher lockte es seinen Ehrgeiz, in einer so wichtigen Sache die Rolle eines Vermittlers zu spielen. Deshalb suchte er vor allen Dingen ein offizielles Mandat dazu vonseiten des Kurfürsten zu erlangen. Doch dazu war derselbe nicht zu bewegen. Getreu seiner bisherigen Politik wollte er alles vermeiden, was irgendwie den Schein erwecken könnte, als ob er für Luther Partei nähme. Nicht einmal eine Audienz konnte Glapio bei ihm erhalten. Nach achttägigen Verhandlungen erklärte der Kanzler Brück seinen Auftrag für erledigt. Obwohl es zweifelhaft blieb, wie weit der Beichtvater autorisirt war, so viel hatte man doch erfahren, und darauf kam es an, daß trotz des scharfen Ediktsentwurfes die kaiserlichen Räte mit sich reden lassen würden. Man kannte auch die Bedingungen, unter denen dies möglich sein würde. —

Vergebens hatte Aleander gehofft, die Mitwirkung der Stände bei dem gegen Luther zu erlassenden Mandate zu hintertreiben. Noch während der Verhandlungen suchte er im kaiserlichen Rate dagegen zu agitiren, indem er auf die Möglichkeit hinwies, daß die Reichsstände sich gegen den Willen des Kaisers erklären könnten und dadurch dem Kaiser die Hände gebunden würden. Der Kanzler beruhigte ihn deshalb, der Kaiser werde seinen Willen schon durchzusetzen verstehen.

Sogleich im Kollegium der Kurfürsten kam es, wie zu erwarten, zu erheblichen Meinungsverschiedenheiten. Dem Pfalzgrafen und dem Kurfürsten von Sachsen standen die drei geistlichen Kurfürsten und der Markgraf von Brandenburg gegenüber, obwohl auch sie nicht ganz den Wünschen des Legaten gerecht zu werden beabsichtigten. „Der Mönch", schrieb der Frankfurter Gesandte in die Heimat, „macht viel Arbeit, es möcht' ihn ja ein Teil gar ans Kreuz schlagen, fürcht', er wird ihnen kaum entrinnen; allein

ist zu besorgen, wo es geschehe, er würd' am dritten Tage wieder
aufstehen." Diese letzte Besorgnis war eine allgemeine. Auch die
Luther feindlich gesinnten Stände kannten die Verhältnisse zu gut,
um nicht zu wissen, daß durch eine einfache Zustimmung zu den
päpstlichen Forderungen die Sache nicht aus der Welt zu schaffen
wäre.

Das waren auch die Gesichtspunkte, die in der Antwort der
Stände vom 19. Februar, in der der Einfluß des sächsischen Kur=
fürsten unverkennbar ist, zum Ausdruck kamen. Man machte darauf
aufmerksam, daß es leicht zu Aufruhr und Empörung in der deut=
schen Nation kommen könnte, wenn ein so scharfes Mandat gegen
Luther ausginge, ohne daß man ihn vorgefordert hätte, da im
gemeinen Mann durch seine Predigt, Lehre und Schriften allerlei
Gedanken, Phantasieen und Wünsche aufgekommen seien. Deshalb
gaben die Stände zu bedenken, ob es nicht angemessen sei, Luther
unter sicherem Geleit zum Verhör kommen zu lassen. Von einer
Disputation solle keine Rede sein. Ihm solle nur die Frage vor=
gelegt werden, ob er sich zu den Artikeln, die er wider den christ=
lichen Glauben habe ausgehen lassen, bekenne, und dabei beharre
oder nicht. Im erstern Falle erklärten sich die Stände bereit, zum
Schutze des Glaubens ihrer Voreltern einem „gebührlichen Man=
date" des Kaisers beizutreten; falls er aber die Irrtümer des
Glaubens widerriefe, hielten sie es für billig, ihn in den anderen
Punkten zu hören. Dabei nahmen sie Gelegenheit, auf die großen
Beschwerden der Nation gegenüber dem päpstlichen Stuhl hin=
zuweisen.

Ohne Zweifel war der letzte Punkt derjenige, über welchen die
größte Einigkeit herrschte. Daß Luther verurteilt werden mußte,
falls er bei seinen Glaubenssätzen beharrte, stand der Mehrzahl
der Reichsstände fest. Manche, die ihn bisher nur als Vorkämpfer
der deutschen Nation gegen das römische Unwesen gekannt hatten,
waren durch Aleander jetzt von seiner Häresie überzeugt worden.
Daß es ihnen nicht zustände, über Sachen zu urteilen, über welche
die Konzilien schon Entscheidung getroffen, darin schloß man sich
den päpstlichen Auslassungen unumwunden an; aber immerhin konnte
man den Mann, der so kühn und so eindringlich die Mißbräuche
der Kurie aufgedeckt hatte, schon um des Volkes willen nicht

fallen lassen, ohne ihn gehört zu haben. Vielleicht gelang es, seinen Handel, so meinten andere, zu benutzen, um die Notwendigkeit, die deutschen Beschwerden abzustellen, mit größerem Erfolg als früher der Kurie darzulegen.

Es war nicht näher gesagt worden, was man mit jenen „anderen Punkten", in denen Luther gehört werden sollte, wirklich meine; aber Aleander vermutete sehr richtig, daß dabei auch die Frage von der Autorität des Papstes und „die positiven Rechte" — er meinte wohl die durch die Konkordate gewährleisteten Rechte der deutschen Nation — in Betracht kommen würden, was ihn in nicht geringen Zorn versetzte.

Der Kaiser ging auf die Wünsche der Reichsversammlung ein. Noch in der Sitzung selbst, in der ihm das Bedenken der Stände überreicht wurde, erklärte er sich nicht abgeneigt, Luther kommen zu lassen. Wie wenig er jedoch die Interessen der Deutschen verstand oder sie nicht verstehen wollte, zeigt seine Erklärung, daß er die Sache Luthers, die den Glauben berühre, nicht vermengt haben wolle mit den Beschwerden gegen Rom. Er werde an Se. Heiligkeit schreiben und hoffe, dieselbe werde die Mißbräuche, wenn sie wirklich so groß wären, selbst abstellen, antwortete er.

Ein vom Kaiser eingesetzter Ausschuß, meist aus Prälaten bestehend, erhielt den Auftrag, der Sache weiter nachzudenken, dabei sich zu bemühen, „Gott zu dienen und dem Papste, die Ehre und Pflicht seiner Majestät sowie die Befriedigung der Fürsten im Auge zu haben und dem Volke möglichst wenig Anstoß zu geben". Das waren schwer zu verbindende Aufgaben. Merkwürdig genug, wie man sie zu lösen gedachte.

Die schriftliche Antwort des Kaisers, die aus diesen Beratungen hervorging, wiederholte die mündliche Zustimmung desselben, Luther kommen zu lassen, und forderte dazu auf, die Beschwerden gegen die Kurie schriftlich einzubringen. Weder das eine noch das andere zu verhindern, war dem Aleander, in dessen Auftrag ganz besonders der Erzbischof von Salzburg in der Kommission wirkte, möglich gewesen. Er war schließlich froh, daß überhaupt etwas geschehen sollte. Die kaiserlichen Räte zeigten wieder Neigung, die Sache hinzuziehen, der Kanzler Gattinara erklärte mehrfach, die Sache würde ohne Konzil nicht zu erledigen sein, auch schien die

Konstellation nicht günstig. Da war es nun für Aleander um so wichtiger, daß in dem Edikt, welches den kaiserlichen Entschluß jedermann kund tun sollte, die Autorität des Papstes zu ihrem Recht käme. Ein Entwurf desselben schilderte in den schärfsten Worten die Verruchtheit Luthers und forderte, obwohl man Luther kommen lassen wollte, um seinen Widerruf zu hören, jedermann auf, einstweilen seine Bücher zu verbrennen. Das war nun nicht die Ansicht der Stände gewesen. So lange er nicht verhört — darin wichen sie unabänderlich von den römischen Anschauungen ab —, galt er ihnen auch noch nicht als verurteilt. Man einigte sich endlich dahin, daß das Edikt vorerst nicht ausgehen, Luther aber auch vom Predigen und Schreiben abstehen solle.

Wohin Luther zu berufen sei, war noch unentschieden. Als man darüber in den ersten Tagen des März in Beratung trat, tauchte wieder der alte Gedanke auf, ihn nur bis nach Frankfurt kommen zu lassen. Dafür waren ohne Zweifel ganz besonders die päpstlichen Gesandten. Schließlich entschied man sich doch für Worms. Da entstanden noch einmal Bedenken, die durch die Geistlichen genährt wurden, ob es auch für den Kaiser schicklich sei, seinerseits den Ketzer zu berufen. Gern hätte er den Kurfürsten von Sachsen dazu vermocht; dieser aber lehnte es aus den schon früher geltend gemachten Gründen ab. So entschloß sich denn der Kaiser, unter dem 6. März die offizielle Aufforderung an Luther ergehen zu lassen.

Der Brief lautete folgendermaßen:

„Ehrsamer, lieber, andächtiger. Nachdem wir und des heiligen Reichs Stände, jetzo hier versammlet, vorgenommen und entschlossen, der Lehre und Bücher halben, so eine Zeit her von dir ausgangen, Erkundigung zu empfahen, haben wir dir herzukommen und von dannen wiederum an dein sicher Gewahrsam unser und des Reichs frei gestrackt Sicherheit und Geleit geben, das wir dir hierneben zusenden. Und ist unser ernstlich Begehr, du wollest dich förderlich erheben, also daß du inwendig einundzwanzig Tagen, in solchem unsern Geleit bestimmt, gewißlich hier bei uns seist und ja nicht außen bleiben wollest, dich auch keines Gewalts oder Unrecht besorgen. Denn wir dich bei dem gemelten unserm Geleit festiglich handhaben wollen, uns auch auf solche deine Zukunft endlich verlassen. Und du thust daran unsere ernstliche Meinung. Gegeben in unser und des Reichs Stadt Worms am 6. Tage des Monds Martii Anno M. D. 21., unsers Reichs im andern Jahr."

Während jener Verhandlungen in Worms, wo so vielerlei Interessen sich kreuzten und nur so wenige von denen ein Wort mitzureden hatten, die es ahnten, daß es sich um eine Sache des Gewissens handelte, die durch keine menschliche Weisheit entschieden werden könne, während die Feinde bald triumphirten, bald in Unmut über den schleppenden Gang den Haß gegen den Volksverlehrer schürten, die Freunde sich in banger Sorge verzehrten oder die Hand an das Schwert hielten, hatte Luther ruhig seines Amtes gewartet.

Von Spalatin und seinem Kollegen, dem Juristen Hieronymus Schurf, wurde er bezüglich der Wormser Vorgänge auf dem Laufenden erhalten, wenn auch die Briefe nur spärlich und unregelmäßig einliefen. Er freute sich, wenn ihm Spalatin die Hoffnung aussprach, daß das Evangelium dort in großer Gunst stehe, aber er legte keinen großen Wert auf diese Nachrichten. In seinen Briefen finden sich verhältnismäßig wenig Beziehungen darauf. Er hatte keine Zeit, viel darüber nachzudenken. Er sorgte mehr für andere, als für sich. Da legte er bald für diesen, bald für jenen beim Kurfürsten Fürbitte ein, verwendete sich für angemessene Besetzung erledigter Professuren und wo man sonst seines Rates und seiner Hilfe benötigte.

Des Trostes und der Stärkung bedurfte damals ganz besonders sein geliebter Lehrer und Freund, Johann v. Staupitz, dessen kräftiger Zuspruch ihm selbst einst wie ein Licht in das Dunkel seiner Anfechtung geleuchtet hatte. Seitdem Staupitz im Sommer 1520 seine Stellung als Generalvicar der deutschen Augustinerkongregation niedergelegt hatte, lebte er am Hofe des Kardinalerzbischofs von Salzburg, dem Luther selbst einst Vertrauen geschenkt, der jetzt aber als einer seiner entschiedensten Gegner auftrat. Die Hoffnung des Staupitz, den Wirren der Lutherschen Sache entgangen zu sein, war eine trügerische gewesen. Auch zu ihm drang das „Brüllen der Löwen". Man forderte von ihm eine Verwerfung der in der Bannbulle verdammten Artikel Luthers. Auf die Kunde von seinem Schwanken und seiner Gewissensnot suchte ihn Luther aufzurichten, indem er ihn an das Wort erinnerte, welches ihm Staupitz einst in Augsburg zugerufen: er möge dessen eingedenk sein, daß er die Sache im Namen Jesu angefangen habe, und daß alles in Gottes Hand stehe. Als er später die Nachricht erhielt, daß Staupitz sich doch insoweit gebeugt, daß er den Papst als seinen Richter anzuerkennen erklärte, hielt Luther auch mit dem Tadel nicht zurück, indem er in seinem Verhalten wenigstens eine halbe Verleugnung dessen sah, wozu jener sich im Herzen bekannte: „Jetzt, wo unser Herr Jesus Christus verurteilt, beraubt und gelästert wird, ist keine Zeit, sich zu fürchten, sondern laut zu rufen. Wie du mich zur Demut ermahnst, ermahne ich dich zum stolzen Selbstbewußtsein. Bei dir ist zu viel Demut, bei mir zu viel Stolz. Aber die Sache ist ernst. Jetzt gilt das Wort: ‚Wer mich bekennet vor den Menschen ꝛc.‘"

In den akademischen Verhältnissen Wittenbergs war durch Luthers und seiner Anhänger Bannung keine Änderung eingetreten. Hatten auch auf die erste Kunde einzelne Wittenberg verlassen, so war der Abgang bald durch andere ersetzt, eine große für ihren Lehrer begeisterte Schaar, in der die Verachtung des Papstes und der Römlinge mit jedem Tage wuchs. Wie bei Verbrennung der Bannbulle trieben die Studenten in den Fastnachtstagen mit dem Papst und den Kardinälen durch allerlei Aufzüge und scenische Darstellungen derben Spott. „Der Feind Christi", sagte Luther, „der mit dem höchsten Könige, ja Christo selbst, sein Spiel treibt, ist solchen Spottes würdig." Auch sonst wurde das päpstliche Regiment und seine Bulle an mehreren Orten stark verhöhnt. Man merkt es an dem Ton, in welchem Luther dies den Freunden mitteilt, wie ihn diese Zeichen der Zustimmung freuten, zu einer Zeit, wo man in Merseburg und Meißen jetzt wirklich auch seine Bücher verbrannte.

In den Vorlesungen behandelte er in diesem Winter wie schon längere Zeit die Psalmen. Daneben wirkte er ununterbrochen als Prediger und Seelsorger. Oft predigte er auch jetzt zweimal des Tages. Natürlich kam er dabei auch darauf zu sprechen, was augenblicklich aller Gemüter bewegte. Es dient ihm nur dazu, den Widerstreit zwischen dem Reiche Gottes und dem des Antichrists, der das Evangelium nicht dulden will, zu beleuchten. Die Hauptsache bleibt ihm die Predigt von der Barmherzigkeit Gottes, dem „Hauptgute" der Christenheit: „das soll das vornehmste, edelste Werk sein eines Christenmenschen, daß er seinem lieben Christo traue und ihm glaube", „der da bereit ist, zu trösten, zu helfen in allen Widerwärtigkeiten". „Will man Christum recht einpflanzen in die Herzen der Christenmenschen, so muß man zuvor mit Ernst ausreuten und ausgraben den Papst und sein Regiment, das ist scheinliche, weltliche Pracht in geistlicher Person. Sobald man das tut, so will man uns steinigen, tödten und verbrennen. Nun wohlan, wir müssen uns nit frömmer und besser achten, als die Propheten und Apostel Christi, die da alle um der Wahrheit willen eines schändlichen Todes haben sterben müssen. Nun muß es wahr sein, daß ein jeder rechter evangelischer Prediger muß mitten unter den Wölfen wandeln und alle Stund warten des Kreuzes und grimmigen Todes. Aber liebe Kinder, viel besser ist, eine Stunde brennen in diesem zeitlichen Feuer um der Wahrheit willen, denn ewiglich brennen mit denen, die unter dem Deckmantel geistlicher Gewalt Christum vertreiben wollen." So predigte er am 6. Januar und forderte seine Gemeinde auf zu beten: „Gieb uns unser täglich Brot, verleih uns rechte evangelische Prediger, die sich vor den Wölfen nicht fürchten, die Wahrheit zu sagen."

Um diese Wahrheit seinerseits von neuem zu betonen und die durch die Bannbulle in ihrem Gewissen Bedrückten zu beruhigen, schrieb er, zum Teil auf Wunsch des Kurfürsten, die schon früher erwähnte Rechtfertigung der vom Papste verurteilten Artikel und zwar in deutscher und lateinischer Sprache: „Grund und Ursach aller Artikel, so durch die römische Bulle unrechtlich verdammt worden." Auf Grund der Schrift sucht er darin die einzelnen Artikel zu bewähren. Dabei wird manche frühere Auslassung verschärft, da er seitdem zu besserer Erkenntnis gekommen. Gegenüber dem oft gehörten Vorwurf, den auch jetzt wieder die Gegner in Worms betonten, daß er die Schrift im Widerspruch zu den Autoritäten der Väter auslege, wirft er in der lateinischen

Ausgabe die Frage auf, warum man denn die heilige Schrift nicht ebenso studiren dürfe, wie in der ersten christlichen Kirche, als es noch keine Autoritäten gab? „Ich will nicht gelehrter als alle gehalten werden, aber ich will, daß allein die Schrift herrsche, nicht daß sie nach meinem oder dem Geiste irgendwelcher Menschen ausgelegt werde, sondern daß man sie allein aus ihr selbst und ihrem Geiste verstehe." Denn sie erklärt sich selbst am sichersten, leichtesten und klarsten, auch den Einfältigen.

Auf die andere Einrede, daß er, der eine Mann, sich hervortue, erwidert er, daß er vielmehr immer geneigt sei, in den Winkel zu kriechen. Man hätte ihn aber hervorgezogen, um an ihm Preis und Ehre zu verdienen.

„Und ob es gleich wahr wäre, daß ich allein mich hätte aufgeworfen, wären sie dennoch damit nicht entschuldigt. Wer weiß, ob mich Gott dazu berufen und erweckt hat, und für sie zu fürchten ist, daß sie nit Gott in mir verachten."

„Lesen wir nit, daß Gott gemeiniglich nur einen Propheten auf eine Zeit aufgeweckt hat im Alten Testament? — Dazu hat er noch nie keinmal den obersten Priester oder andere hohe Stände zu Propheten gemacht; sondern gemeiniglich niedrige verachtete Personen, auch zuletzt den Hirten Amos. — Also haben auch die lieben Heiligen allzeit wider die Obersten, Könige, Fürsten, Priester, Gelehrte predigen und schelten müssen, den Hals dran wagen und lassen."

„Es führten auch zu denselbigen Zeiten die großen Hannsen wider die heiligen Propheten kein ander Widerwort, denn daß sie die Obersten wären, man sollte ihnen gehorchen, und nit den geringen verachteten Propheten, wie das Jeremias 18, 18 schreibt. Also tut man jetzt auch. Es soll alles unrecht sein, was der Papst, die Bischöfe und Gelehrten nicht leiden wollen: man soll sie nur hören, ob sie schon sagen, was sie wollen. . . ."

„Ich sage nicht, daß ich ein Prophet sei, ich sage aber, daß ihnen so viel mehr zu fürchten ist, ich sei einer, so vielmehr sie mich verachten und sich selbst achten. Gott ist wunderlich in seinen Werken und Gerichten, der nicht achtet große Kunst oder Gewalt. Bin ich nicht ein Prophet, so bin ich jedoch gewiß für mich selbst, daß das Wort Gottes bei mir und nicht bei ihnen ist, denn ich ja die Schrift für mich habe und sie allein ihre eigene Lehre." —

„Ob mich nun wohl viel großer Hannsen darum neiden und verfolgen, erschrickt mich nicht, ja es tröstet und stärkt mich: sintemal es offenbar in aller Schrift ist, daß die Verfolger und Neider gemeiniglich Unrecht, und die Verfolgten Recht gehabt haben und allzeit der größere Haufen bei der Lüge, der kleinere bei der Wahrheit gestanden ist. — Es hat St. Paulus durch seine Lehre viel Aufruhr erweckt, wie wir in der Apostelgeschichte lesen: es war darum seine Lehre nicht falsch. Wahrheit hat allzeit rumort. Falsche Lehrer haben allzeit Fried und Fried gesagt, wie Jesaias und Jeremias schreiben."

„Darum so will ich unangesehen den Papst mit seinem großen Haufen, die Artikel, so in der Bulle verdammt, mit Freuden so viel mir Gott Gnade giebt, erretten und schützen, traue sie von Gottes Gnaden vor Unrecht wohl zu erhalten; für Gewalt ist nicht mehr hier, denn ein armer Körper, den befehle ich Gott und seiner heiligen durch den Papst verdammten Wahrheit. Amen." —

Auf die Kunde, daß die Priester an vielen Orten in der Beichte nach dem Lesen seiner Bücher forschten oder deren Auslieferung forderten, ließ er im Februar auf Spalatins Anregung ein kleines Schriftchen drucken: „Unterricht für die Beichtkinder." Er rät darin, jene Forderungen zurückzuweisen und demütig um Absolution und Abendmahl zu bitten; wenn das nichts helfe, „so laß fahren Sakrament, Altar, Pfaff und Kirchen. Denn das göttliche Wort, in der Bulle verdammt, ist mehr denn alle Dinge, welches die Seele nicht entbehren kann, mag aber wohl des Sakraments entbehren; so wird dich der rechte Bischof, Christus, selber speisen geistlich mit demselben Sakrament." Zugleich ermahnt er aber auch die Prälaten, nicht mit Gewalt in die Gewissen zu dringen.

Rein zur Erbauung sollte seine Auslegung des Magnificat, des Lobgesangs der Maria dienen, die er in den Tagen vor Verbrennung der Bannbulle begann. Er hatte sie dem jungen Prinzen Johann Friedrich zugedacht, während er seinem Kurfürsten seine längst vorbereitete und von diesem gewünschte Postille für die Prediger und Seelsorger widmete, von der im März der erste Teil erschien. Wie gern hätte er sich allein mit diesen Dingen beschäftigt, der Gemeinde gedient und das Evangelium gepflanzt, wie es der Wunsch seines Landesherrn war! Darauf kommt er auch zu sprechen in

seiner Widmungsepistel vom 3. März an den Kurfürsten Friedrich, den Mann des Friedens. Er bedauert, drei Jahre mit Streit=
schriften verloren zu haben. Stets habe er auf eine Zeit des Friedens gehofft; nun sehe er ein, daß dies eitel Menschengedanken seien und er täglich mehr auf dem Meere umhergetrieben werde. Die Hoffnung auf Frieden habe er aufgegeben, darum wolle er, eingedenk des Nehemia, sich zum Werke des Krieges und des Frie=
dens zugleich rüsten, mit der einen Hand das Schwert halten, mit der andern die Mauer bauen.

Und der Ansturm der litterarischen Gegner wuchs von Tag zu Tag. Von allen Seiten hörte er von Schriften, die gegen ihn ausgingen. Wollte er seine Sache nicht aufgeben, so durfte seine Feder keinen Augenblick ruhen, wie widerwärtig es ihm auch war, immer von neuem auf den Kampfplatz zu treten, die alten Ver=
leumdungen und neue Mißverständnisse zurückzuweisen, wobei er dann oft schärfer oder, wie selbst seine Freunde meinten, „bissiger" war, als es der Sache dienen mochte; so ganz besonders in der Fehde mit dem Dresdener Hofprediger Hieronymus Emser, die durch dessen Erwiderung auf Luthers Schrift an den christlichen Adel von neuem angefacht wurde und zu einem mehrfachen, sehr heftigen Schriftenwechsel führte. Zuletzt noch brachte ihn die Schrift eines römischen Dominikaners Ambrosius Katharinus: „Gegen die gott=
losen und sehr verderblichen Irrlehren Martin Luthers" in Har=
nisch. Sie war an den Kaiser gerichtet und auch durch Aleanders Vermittelung demselben übergeben worden. Man maß ihr in Rom eine große Bedeutung bei, während der Beichtvater Glapio, wie er bei seinen Unterredungen mit Brück äußerte, das Schlimmste befürchtete, wenn sie in Luthers Hände fiele, was sich denn auch bewahrheitete.

Als Luther sie etwa am 7. März erhielt, beschloß er, das „alberne" Buch, das ihm bald Lachen, bald Ekel verursachte, in wenigen Bogen zu beantworten, dem Schreiber übrigens etwas die „Galle zu bewegen". Sogleich setzte er sich an die Arbeit und schrieb mit schneller Hand eine umfangreiche Gegenschrift, gleich mächtig durch die Fülle des Spottes, mit der er den hochmütigen Scho=
lastiker überschüttete, wie durch die Entschlossenheit, mit der er die Unchristlichkeit des Papsttums darzulegen versuchte.

Mit den Fragen über den Ablaß, die Konzilien, Kanones u. s. w. erklärt er, sich nicht aufhalten zu wollen. „Du kommst zu spät, mein Katharinus, es handelt sich schon nicht mehr darum, ob ein Papst ist, sondern wir kommen zu der Frage: ‚was er ist'." Und während er früher nur beiläufig den Papst den Antichristen genannt hatte, wendet er sich jetzt dazu, zum Teil auf Grund prophetischer Stellen, wie Daniel 8 und 2 Theff. 2 einen umfangreichen, freilich oft sehr kühnen Schriftbeweis dafür zu erbringen, um die Behauptung von der göttlichen Stiftung des Papsttums zu widerlegen. Zugleich entwickelt er aber auch klarer und umfassender als bisher seine Anschauung von dem Wesen der Kirche, der auf den Fels Christus gegründeten, unsichtbaren, aber doch erkennbaren. Sie ist überall da, wo man die Sakramente feiert und das Wort vom Evangelium verkündigt. Das sind ihre Kennzeichen, denn wo das Evangelium ist, das Leben und die Substanz der wahren Kirche, da ist ein Glaube, eine Liebe, ein Geist. Wo aber das Evangelium nicht ist, wie in der „Synagoge der Papisten", da ist auch die Kirche nicht, sondern Babylon, welches, wie der Prophet Daniel schreibt, „ohne Hand zerbrochen werden soll", woraus Luther schließt, daß nicht etwa die Laien den Papst und sein Reich zerstören werden, wie jene fürchten — und das sollte wohl auch gegen die Pläne eines Hutten und Genossen gesagt sein —, das wäre eine zu gelinde Strafe, sondern sie werden aufbewahrt werden bis zur Wiederkunft des Herrn, der sie nach dem Apostelwort vernichten wird mit dem Hauche seines Mundes.

So schrieb Luther angesichts seiner Berufung vor Kaiser und Reich, — am 1. April, kurz vor seiner Abreise, wurde die Schrift vollendet. Je mehr die Gegner mit Gewalt drohen, je mehr er sich sagen muß, daß die Papisten gegen ihn verfahren wollen als gegen einen Ketzer, wie ihn „alle Jahrhunderte nicht gesehen haben", um so weniger will er etwas davon wissen, Gewalt mit Gewalt zu verhindern. „Ich weiß", so schließt er, „und bin gewiß, daß Jesus Christus unser Herr lebt und regiert; da ich das weiß und glaube, werde ich auch viele Tausende von Päpsten nicht fürchten. Denn größer ist der, der in uns ist, als der in der Welt ist."

Die Absendung des kaiserlichen Berufungsschreibens hatte sich verzögert. Zuerst erhielt Luther durch Spalatin nur die allgemeine Mitteilung, daß man ihn kommen lassen wolle, um seinen Widerruf zu hören. Zugleich hatte man ihm, in der Annahme, daß es sich eben darum handeln würde, auch die von Glapio bezeichneten Artikel und seine Vergleichsvorschläge übersandt. Sofort am 19. März schrieb er daraufhin sowohl an den Kurfürsten wie an Spalatin. Nur zum Widerruf zu kommen, erklärt er wie andere mehr, für überflüssig. Widerrufen könne er in Wittenberg ebenso gut als in Worms. Davon könne ja aber keine Rede sein, so lange man sich auf nichts anderes gegen ihn stütze, als die Gebräuche der Kirche. So wolle er auch dem Kaiser schreiben. Falls ihn dieser aber kommen lassen wolle, um ihn zu töten, so sei er bereit dazu. „Denn so mir Christus gnädig ist, will ich nicht fliehen und das Wort in der Schlacht verlassen."

Dem Kurfürsten versicherte er seine Ergebenheit gegen die römische Kirche und seine Bereitwilligkeit zu widerrufen, falls er durch das Schriftwort überführt sei, auch seine Sache wie früher unverdächtigen Richtern zu übergeben. Dagegen wies er die Forderung, nicht zu predigen und zu lehren, obwohl er selbst gern darauf verzichten möchte, zurück, da er durch Gottes Gebot und Willen dazu verbunden sei.

In der bitteren Stimmung über die vagen Gerüchte, die er vernahm, und die auch durch die Beschäftigung mit der Schmähschrift des Katharinus genährt wurde, schrieb er einmal in diesen Tagen: „Mein Widerruf wird dies sein: Früher habe ich gesagt, der Papst sei der Statthalter Christi, jetzt widerrufe ich es und sage: der Papst ist der Widersacher Christi und ein Abgesandter des Teufels."

Erst am 26. März, es war der Dienstag in der Marterwoche, kam die Citation in Wittenberg an: sie wurde von einem kaiserlichen Herold, Kaspar Storm genannt Deutschland, überbracht, der Luther auch nach Worms führen sollte.

Nun sollte er also doch noch seine Sache öffentlich vor aller Welt vertreten. Von Widerruf war ausdrücklich wenigstens nichts im kaiserlichen Schreiben zu lesen; der Kaiser, die Fürsten und Herren hatten Geleitsbriefe gesendet.

Die Ostertage rastete Luther noch in seiner Zelle, beendete die Schrift gegen Katharinus und schickte die ersten Bogen des Magnificat an den jungen Fürsten Johann Friedrich. Dann am Osterdienstag brach er auf. Der Ordensregel gemäß wurde er von einem Klostergenossen, dem Bruder Petzensteiner, begleitet. Von den Kollegen schloß sich ihm Nikolaus von Amsdorf an, außerdem ein junger Student, ein Edelmann aus Pommern, Peter Swaven. Der Rat der Stadt hatte für das Gefährt gesorgt, ein offenes Wägelchen, das mit einer Decke überspannt werden konnte. Voran ritt der Herold, das kaiserliche Banner auf dem Wappenrock.

In Leipzig, der Stadt des Herzogs Georg, verweigerte ihm der Rat nicht den üblichen Ehrentrunk. Schon freundlicher nahm man ihn in Naumburg auf, und je weiter er nach Thüringen kam, um so mehr gestaltete sich seine Reise zu einem Triumphzuge. Von allen Seiten strömte das Volk zusammen, um den Mann zu sehen, der so Großes wage. Es war ihm fraglich gewesen, ob man ihm in Erfurt Aufnahme gewähren werde. Aber dort herrschten jetzt die Humanisten. Joh. Crotus, damals einer der eifrigsten Anhänger Luthers, war der Rektor der Universität. Man beschloß, ihm den großartigsten Empfang zu bereiten. An der Grenze des Stadtgebietes begrüßten ihn die Vertreter der Universität, ein stattlicher Zug, darunter vierzig zu Pferde, und führten ihn, gefolgt von Tausenden, in das Kloster seines Ordens. In allen Straßen, durch die der Zug ging, wogte die Menge; selbst auf den Dächern und Türmen drängte man sich, um den Mann Gottes zu sehen. Das stürmische Volk der Poeten, ein Eobanus Hesse, Euricius Cordus und Justus Jonas überboten sich in ihren Huldigungen.

Am Tage nach seinem Einzuge, am Sonntag Quasimodogeniti, bestieg er die Kanzel der Klosterkirche und predigte über das Evangelium Joh. 20, 19—23. Ausgehend von dem Worte des Herrn: „Friede sei mit euch", handelte er davon, was ihm das Wichtigste war, „wie man fromm werde und zur Seligkeit komme". Von seiner eigenen persönlichen Lage war dabei mit keinem Worte die Rede, wenn er auch gegen die falschen Hirten eiferte, die die armen Seelen zu äußeren Werken anhalten, anstatt sie zu dem rechten einen Glauben an den Herrn zu führen, der der Zerstörer aller Sünde ist.

Unter den Segenswünschen der Freunde, von denen sich Jonas ihm anschloß, zog er von dannen.

Noch in Thüringen, entweder in Weimar oder in Erfurt, erfuhr Luther, daß ein neues Edikt wider ihn ausgegangen sei, und so war es in der Tat.

Je näher die Entscheidung heranzurücken schien, um so schärfer entwickelten sich die Gegensätze in Worms. Selbst unter den fremden Nationen, welche daselbst vertreten waren, kam es zu Parteiungen für und gegen Luther. Der spanische Adel trug mit einer gewissen Demonstration seinen Eifer für den alten Glauben zur Schau. Vom Herzog von Alba berichtete Aleander: „Er reißt sich für unsern Herrn und für die Kirche das Zeug vom Leib." Dagegen waren die spanischen Kaufleute, vielfach maurischer Abstammung, Luther gewogen. Sie hörten es besonders gern, daß er es für Unrecht erklärt habe, Ketzer zu verbrennen, was sie so oft hatten mit ansehen müssen. Es kam nicht selten zu Reibereien. Immer bedrohlicher erschien dem päpstlichen Legaten die öffentliche Stimmung. Wenn er über die Straße ging, entsetzte er sich über den allgemeinen Haß, den er auf allen Gesichtern las und den man ihm auch unverhohlen zeigte. Er war offenbaren Insulten ausgesetzt. Ulrich v. Hutten, dem Aleanders Rede am Aschermittwoch zu zwei heftigen Sendschreiben gegen ihn und seinen Kollegen Veranlassung gab, drohte in dem ihn eigenen Tone, dafür zu sorgen, daß er Deutschland nicht lebend verließe. Und was bekamen die Legaten nicht alles zu hören, als man auf die kaiserliche Aufforderung hin jetzt wirklich daran ging, die Beschwerden der deutschen Nation wider den päpstlichen Stuhl zusammenzustellen! Sie mußten erleben, daß Georg von Sachsen, den sie ganz als den Ihrigen betrachtet hatten, „böse Erklärungen und ein böses Beispiel gegen den heiligen Stuhl gab". Ja, dieser Fürst, von der Wahrheit der römischen Lehre eben so erfüllt, wie von der tiefen Verderbnis so vieler Einrichtungen in der Kirche überzeugt, erwies sich als einer der schärfsten, als es galt, die römischen Mißbräuche zu geißeln. Wie kaum jemals früher, hat man damals alle Anklagen gegen den römischen Stuhl und den Klerus zusammengefaßt, die die Litteratur der letzten Jahre bis ins kleinste aufgedeckt hatte. Aleander war in Verzweiflung. Luther berufen, nun diese wich=

tigen Anklagen gegen Rom, er sah keinen Ausweg mehr. Friedrich der Weise meldete nach Wittenberg, die Sache sei noch nicht im Neste der Papisten.

Indessen hatte man zu viel gehofft. Der Kaiser hatte Grund, den ungünstigen Eindruck, den die Berufung Luthers in Rom machen mußte, nach Möglichkeit abzuschwächen. Gegen eine Vermischung von Luthers Sache mit der Angelegenheit der deutschen Beschwerden gegen Rom hatte er sich, wie wir hörten, sogleich erklärt. Dem Wunsche der Stände, Luther kommen zu lassen, hatte er sich gefügt, auch das Edikt, welches die Verbrennung seiner Bücher befahl, einstweilen zurückstellen lassen; jetzt erließ er dennoch ein Mandat, welches zwar nicht so weit ging, aber doch befahl, alle Schriften Luthers der Obrigkeit auszuliefern. Am 10. März wurde es unterzeichnet, am 27. sah man es zuerst in Worms angeschlagen. Darüber herrschte allgemeine Bestürzung. Man entnahm daraus mit Recht, daß der Kaiser die päpstliche Bulle approbire. Unter den kurfürstlichen Räten erhob sich die Frage, ob es unter diesen Umständen nicht besser wäre, daß Luther nicht käme. Man würde gewiß alles Mögliche anwenden, um den Kaiser zu überzeugen, daß er einem Ketzer das Geleit nicht zu halten brauche. Der Kaiser könne sich auch darauf berufen, daß das Edikt eine authentische Erklärung darüber gebe, was man mit Luther vorhabe, nämlich ihn nur zu fragen, ob er widerrufen wolle oder nicht. Das stand allerdings darin. Luther hätte also wissen können, würde man sagen, in welche Gefahr er sich begab. Der Kanzler Brück setzte darüber ein Gutachten für Spalatin auf. Danach machten sich unter den Freunden Luthers zweierlei Meinungen geltend. Die Einen rieten, daß er jetzt nicht kommen und die Gründe dafür dem Kaiser auseinandersetzen solle. Die anderen meinten jedoch, daß er auf alle Fälle kommen müsse und nichts zu besorgen habe, die Kurfürsten würden gewiß dafür eintreten, daß ihm das Geleit gehalten würde; dagegen wäre anzunehmen, daß man es gern sehen würde, wenn er nicht käme, weil dann seiner Verurteilung keine weitere Schwierigkeit entgegenstehen würde. Letzteres schien auch dem Kanzler das Richtige.

Auch der kaiserliche Herold, ein wohlmeinender Mann, wurde besorgt, als er das Edikt angeschlagen fand. Er fragte, ob Luther unter diesen Umständen weiter ziehen wolle. Dieser erzählt später, daß er da gezittert habe, aber doch nur einen Augenblick. Man wolle ihn damit schrecken und davon abhalten, nach Worms zu kommen, meinte er. Unverzagt setzte er seine Reise fort, obwohl er den ganzen Weg über Krankheit zu klagen hatte. Wie in Erfurt predigte er auch in Gotha und Eisenach. Am 14. April, an einem Sonntage, erreichte er Frankfurt. Auch dort drängte sich die Menge herzu, den Mann Gottes oder den Ketzer zu sehen. Bei Wolf Parente im Wirtshause zum Strauß auf dem Kornmarkte stieg er ab.

In Frankfurt, dem damaligen Sammelpunkte des deutschen Buchhandels, waren seine Schriften wohlbekannt und hatten ihm manchen Anhänger erworben.

Dort lehrte auch der ihm und Melanchthon befreundete Humanist Wilhelm Nesen. So fehlte es ihm nicht an erneuertem Zuspruch. Eine alte fromme Frau aus angesehenem Geschlechte begrüßte ihn als den ersehnten Kämpfer gegen die Privilegien des Papsttums und sandte ihm zwei Maß Malvasierweins. So nahe seinem Ziele mochte er wohl auch Manches von den Ränken der Gegner hören. Aber er war fröhlich und guter Dinge. Man hörte ihn in der Herberge die Laute schlagen, — Grund genug für die Widersacher, ihn als einen Zecher und losen Gesellen auszuschreien. Dem Spalatin teilte er seine baldige Ankunft mit. „Ich weiß auch, daß ein Mandat Karls, um mich zu schrecken, veröffentlicht worden ist. Aber Christus lebt und wir werden nach Worms kommen, allen Pforten der Hölle und Fürsten der Luft zum Trotz", schrieb er von Frankfurt aus.

Indessen machte man von anderer Seite noch einmal den Versuch, Luthers Erscheinen in Worms zu verhindern. Am kaiserlichen Hofe wie in den Kreisen der Prälaten hatte man sicher gehofft, daß Luther sich schrecken lassen würde. Als sich die Kunde verbreitete, daß er doch käme, empfand man dies zum mindesten als eine große Unbequemlichkeit, nicht wenige waren geradezu entsetzt darüber: die Möglichkeit, daß Hutten und Sickingen doch losschlagen könnten, wenn man dem Mönche zu nahe trete, war doch nicht außer Acht zu lassen. Man täuschte sich nicht darüber, daß die Stimmung des Volkes gegenüber den Prälaten nach dem letzten

Edikte immer trotziger wurde. Was konnte nicht alles geschehen, wenn nun Luther selbst kam und, wie man fürchtete, Öl ins Feuer goß?

Es war nicht bloß, wie Luther vermutete, die Absicht, ihn einfach zu verderben, wenn man sein Kommen nicht wünschte, sondern weil die Verhandlungen über seine Sache dem geplanten Bündnisse des Kaisers mit dem Papste voraussichtlich nicht förderlich waren. Im letzten Augenblicke beschloß man wenigstens, den lästigen Mahner auf der Ebernburg womöglich unschädlich zu machen. Der kaiserliche Kämmerer Paul v. Armstorff wurde nach Sickingens Feste geschickt, um Hutten ein Jahrgeld anzubieten. Daß man dabei die Absicht hatte, durch die Ritter mittelbar auf Luther einzuwirken, kann keinem Zweifel unterliegen; doch bleibt es ungewiß, ob der Kaiser dazu den Auftrag gegeben oder nur davon gewußt. Jedenfalls hatte der kaiserliche Beichtvater, der den Kämmerer begleitete, seinerseits das regste Interesse, noch in letzter Stunde Luthers Kommen zu verhindern. Sein Verfahren den Rittern gegenüber war dasselbe, welches er in den Verhandlungen mit Brück eingeschlagen hatte. Er verfehlte nicht, zu erklären, wie vieles er in Luthers Auffassung billige. Andrerseits betonte er doch auch, wie Luther in seinen letzten Schriften aufs sträflichste den Glauben der Kirche angetastet. Er hatte wieder seine Bücher mitgebracht. Auf Sickingen machte seine Rede Eindruck. Wie hoch er Luther auch schätzte, so erklärte er doch, „wo Luther übel im Glauben geredet habe, da wolle er der erste sein, das Feuer auszutreten". Obwohl er fand, daß in den deutschen Schriften Luthers manches anders lautete, als der Beichtvater aus den lateinischen citirte, so war er doch, zumal im Angesichte der kaiserlichen Botschaft, etwas unsicher geworden. Zum mindesten leuchtete es ihm wie Hutten ein, daß die Gefahr für Luther in Worms eine außerordentlich große wäre und daß sie vielleicht abgewendet werden könne, wenn Luther sich auf irgendeine Weise mit dem einflußreichen Beichtvater einigen oder doch eine Besprechung haben könnte. Glapio erreichte seinen Wunsch, daß Luther zu einer Zusammenkunft auf der Ebernburg eingeladen werden sollte. Der bisherige Dominikanermönch Martin Bucer aus Schlettstadt, der sich damals bei Sickingen aufhielt, derselbe, der später so oft als Vermittler auftreten sollte, erhielt den Auf=

trag, Luther die Botschaft zu überbringen. Von mehreren Reitern begleitet, traf er in Oppenheim mit ihm zusammen. Aber Luther war nicht zu bewegen, der Aufforderung Folge zu leisten. Hätte der Beichtvater etwas mit ihm zu reden, erwiderte er, so könnte er das in Worms ebenso gut tun. Außer dem Gedanken, daß darüber leicht die ihm zur Reise bewilligte Frist ablaufen könnte, war wohl auch der andere bestimmend, nicht den Schein aufkommen zu lassen wollte, als wolle er mit den kriegslustigen Rittern in allen Dingen gemeinsame Sache machen. Auch haßte er die heimlichen Praktiken; offen wollte er seine Sache vertreten.

Wenige Stunden vor Worms erreichte ihn noch eine warnende Botschaft Spalatins, die ihn an das Schicksal des Hus erinnerte; aber was er auch hörte, nichts vermochte ihn aufzuhalten, nichts war imstande, sein Gottvertrauen zu erschüttern. „Wenn so viel Teufel in Worms wären, als Ziegel auf den Dächern, noch wollt' ich hinein", ließ er dem Spalatin sagen.

In Worms wartete man jetzt mit Spannung auf seine Ankunft. Noch bis zum letzten Augenblick war Aleander tätig gewesen, um den Kaiser in seinem Sinne zu bearbeiten. Was man über Luthers Reise, „über die Geleitung des Ungeheuers" gehört, versetzte ihn in wahre Wut, besonders gegen den schändlichen Herold, der ein frecher Narr und wütender Feind des Klerus sei. War Luther nicht mehr von Worms fernzuhalten, so schien es ihm doch ratsam, wenigstens seine Begleiter nicht in die Stadt zu lassen. Persönlich verwendete er sich beim Kaiser darum, denselben, er hatte von sechs Doktoren vernommen, den Eintritt in die Stadt zu versagen, da sie gleichfalls gebannt und keinen Geleitsbrief besäßen. Der Kaiser versprach sein Bestes zu tun, wollte sich aber erst mit dem Kurfürsten darüber beraten. Man ließ die Sache dann doch auf sich beruhen. Kein Wunder, wenn der Legat ausruft: „Es ist um Steine rasend zu machen, geschweige denn einen Menschen."

Es war am 16. April, einem Dienstag um 10 Uhr morgens, als vom Dom her der Turmwächter durch Trompetenstoß das Erscheinen des Erwarteten meldete. Man saß gerade beim Mittagbrot, welches nach damaliger Sitte schon zu so früher Stunde eingenommen wurde; aber trotzdem lief alles aus den Häusern, um den großen Ketzer zu sehen. Bei zweitausend Menschen begleiteten ihn durch die Straßen, eine Anzahl angesehener Leute, auch vom sächsischen Hofe, waren ihm entgegengeritten. So bildete sich ein stattlicher Zug. Voran ritt der Herold mit seinem Diener. Dann kam Luther mit seinen Begleitern. Unmittelbar hinter ihm ritt Jonas einher, dann folgten wohl an die zwanzig Herren mit ihren Dienern hoch zu Roß und die immer anwachsende Menge.

Endlich stieg er ab, eine mittelgroße, damals überaus hagere, abgemagerte Gestalt, von blassem Antlitz mit stark hervortretenden Backenknochen. Nichts deutete auf etwas Besonderes; nur das große, dunkle, bisweilen aufblitzende Auge, das auf die Italiener so großen Eindruck machte, ließ die gewaltige Glut seines Innern erkennen. „Gott wird mit mir sein", waren seine ersten Worte, als er den Boden von Worms betrat. So berichtete noch desselbigen Tages auch der päpstliche Gesandte nach Rom. Er hatte nicht gewagt, sich auf der Straße zu zeigen, aber seine Späher ausgesandt, die ihn von allem unterrichteten, wie es bei dem Einzug des „Häresiarchen" zugegangen. Ein Priester, so erzählte er, habe Luther beim Aussteigen umarmt und dreimal sein Kleid berührt, als wäre es die heiligste Reliquie der Welt.

Es war, wie begreiflich, der Wunsch der Legaten gewesen, Luther so heimlich als möglich zu halten, niemandem ohne spezielle Erlaubnis des Kaisers Zutritt zu gewähren; dann war davon die Rede gewesen, ihn im Augustinerkloster bewahren zu lassen — schließlich stand man doch davon ab und gewährte ihm eine freie Herberge im Johanniterhause, wo auch die kursächsischen Räte Philipp von Feilitzsch und Friedrich von Thun, sowie der Reichs-Erbmarschall Ulrich von Pappenheim ihre Wohnung aufgeschlagen hatten.

Der kaiserliche Beichtvater Glapio, dem Luther sogleich seine Ankunft melden ließ, lehnte jetzt eine Zusammenkunft ab; dagegen fanden sich eine große Zahl von Leuten aus allen Ständen ein, um ihn zu begrüßen. Bis in die Nacht wurde seine Herberge von Besuchern nicht leer.

Am andern Morgen wartete er seines priesterlichen Berufes.

Ein sächsischer Ritter, der schwer krank daniederlag, bat ihn, seine Beichte zu hören und ließ sich mit dem Sakrament versehen.

Indessen eilte man, seine Sache zur Entscheidung zu bringen. Noch vor Mittag erfuhr Luther durch Ulrich von Pappenheim, daß er noch selbigen Tages um vier Uhr vor Kaiser und Reich zu erscheinen habe.

Die Kunde davon hatte sich schnell verbreitet, es entstand ein ungeheures Gedränge. Als der Reichsmarschall mit dem kaiserlichen Herold erschien, um Luther nach dem Bischofshofe, wo in der Herberge des Kaisers die Reichsversammlung abgehalten wurde, abzuholen, ergab sich, daß der nächste Weg durch die Kämmereigasse nicht ohne Gefahr zu passiren wäre. Man führte ihn daher durch den Johannitergarten und auf Umwegen dorthin. Aber auch dies blieb nicht verborgen, und nur mit Gewalt konnte das Volk, das in den bischöflichen Palast mit einzudringen suchte, zurückgehalten werden. Man rief Luther zu, guten Mutes zu sein.

Nach dem kaiserlichen Schreiben mußte er erwarten, daß ihm Gelegenheit gegeben werden würde, seine Sache zu verteidigen, Rechenschaft zu geben von dem Glauben und der Hoffnung, die in ihm waren. Den Legaten war jedoch zugesagt worden, und dies entsprach auch den Wünschen des Kaisers, die Angelegenheit durchaus formell zu behandeln, auf die Glaubensfrage in keinem Falle einzugehen.

Es war eine stattliche Versammlung, in die Luther geführt wurde. Dem Kaiser, sechs Kurfürsten, zahlreichen Fürsten und Ständen des Reichs, darunter so vielen Feinden, auch der päpstliche Legat war zugegen, stand Luther jetzt gegenüber, er, der Bauernsohn, in der unscheinbaren Kutte des Bettelmönches, vor dem mächtigsten Monarchen der Welt.

Das erste, was er zu hören bekam, war, daß der Reichsmarschall ihm bedeutete, er habe nur zu sprechen, wenn er gefragt würde.

Man hatte geglaubt, der kaiserliche Beichtvater würde das Wort nehmen. Indessen dies hätte nur zu leicht zu theologischen Erörterungen führen können, die man um jeden Preis vermieden wissen wollte. So sprach denn ein weltlicher Beamter, der Offizial des Kurfürsten von Trier, Johann von Eck, im Namen des Reichs erst lateinisch, dann deutsch. Mit lauter, verständlicher Stimme erklärte er, die kaiserliche Majestät habe Luther vor ihren Thron gefordert, um ihm zwei Fragen vorlegen zu lassen, ob er die unter seinem Namen erschienenen Schriften — dabei zeigte er auf ein Bündel seiner lateinischen und deutschen Traktate — als die seinigen anerkenne, und zweitens, ob er ihren Inhalt widerrufen oder bei demselben beharren wolle.

Noch ehe Luther antworten konnte, rief sein Wittenberger Kollege Hieronymus Schurf, den man ihm als Rechtsbeistand beigegeben hatte: „Man verlese die Titel!" Dies geschah denn auch nach einer Baseler Ausgabe von Luthers Schriften.

Hierauf erwiderte Luther, daß er die genannten Bücher allerdings geschrieben, und noch andere mehr. Was die andere Frage, ob er widerrufen wolle, anbelange, so handle es sich dabei um das Heil der Seele und um das Wort Gottes, was höher stehe als alles andere im Himmel und auf Erden. Eben deshalb wäre es vermessen und sehr gefährlich, etwas Unbedachtes vorzubringen, da er ohne vorherige Überlegung leicht weniger als der Sache und mehr als der Wahrheit angemessen behaupten könnte und so dem Urteilsspruch des Herrn verfallen werde: „Wer mich verleugnet vor den Menschen, den will ich auch verleugnen vor meinem himmlischen Vater." „Deshalb bitte ich", so schloß er, „inständig Eure Majestät um Bedenkzeit, damit ich ohne Verletzung des göttlichen Wortes und ohne Gefahr für meine Seele in genügender Weise antworten kann."

Offenbar war Luther von der Art des Verfahrens überrascht. Man fand, daß er mit leiser, kaum vernehmbarer Stimme gesprochen, „als ob er erschrocken und entsetzt wäre".

Dann traten der Kaiser und seine Räte sowie die Stände über Luthers Bitte in Beratung. Es erklärten sich viele unter denselben dagegen, dem verurteilten Ketzer, der nun auch die Autorschaft der häretischen Bücher zugestanden habe, eine neue Frist zu gewähren. Wie der venetianische Gesandte berichtet, erreichte Luther nur mit vielen Schwierigkeiten eine Bedenkzeit von einem Tage.

Der kaiserliche Sprecher, der ihm dies ankündigte, bemerkte, er hätte schon aus dem kaiserlichen Mandate wissen können, wozu man ihn habe kommen lassen; deshalb sei er einer Bedenkzeit unwürdig; indessen wolle der Kaiser aus angeborener Güte ihm noch einen Tag zur Überlegung schenken. Am nächsten Tage habe er wieder zu erscheinen und seine Meinung mündlich, nicht etwa schriftlich, kund zu tun. Auch wies er mit strengen Worten auf die große Gefahr, Zwietracht und Empörung, ja Blutvergießen hin, das aus seiner Lehre erwachsen möchte und das durch Vernichtung seiner Bücher verhindert werden würde. Damit wurde er für diesmal entlassen und in seine Herberge zurückgeleitet.

Daß er irgend etwas widerrufen könnte, kam ihm nicht in den Sinn. Noch an demselben Abend schrieb er „mitten im Tumult" in einem Briefe an einen gewissen Cuspinian in Wien, von dessen freundlicher Teilnahme er gehört: „Nicht ein Tüpfelchen werde ich widerrufen, wenn Christus mir gnädig ist." Seine Überlegung galt vielmehr nur dem Umstande, welche Form er einzuhalten habe, um in überzeugender und zugleich schicklicher Weise seine Antwort zu geben. Er war unverzagt, der Augsburger Gesandte Konrad Peutinger fand ihn auch jetzt fröhlich und guter Dinge.

Unterdessen ließ der Kaiser den Offizial von Trier mit Glapio und Aleander beraten, wie weiter mit dem Mönch zu verfahren sei. Als er am andern Tage nachmittags wiederum zu Hofe geführt wurde, war das Gedränge noch größer als tags zuvor. Manche, die ihn sehen wollten, mußten umkehren, weil sie nicht durchdrangen. Man hatte diesmal einen großen Saal zur Verhandlung gewählt, aber auch dort hinein drängte sich die Menge so sehr, daß die Fürsten kaum zu ihren Plätzen kamen. Die Versammlung war noch zahlreicher als das erste Mal. Die Stände und die Gesandten der fremden Höfe waren vollzählig vertreten, nur die päpstlichen Legaten wurden vermißt. Sie mochten fürchten, harte Dinge hören zu müssen. Über anderen Reichsgeschäften, die zuerst verhandelt worden waren, war es bereits Abend geworden. Man hatte schon die Fackeln angezündet, als Luther den Saal betrat. Damals war es wohl, daß der tapfere Kriegsmann Georg v. Frundsberg ihm mit der Hand auf die Schulter klopfte und ihm Mut zusprach: „Bist du auf rechter Meinung und deiner Sache gewiß, so fahre in Gottes Namen fort und sei nur getrost, Gott wird dich nicht verlassen."

Die Verhandlungen wurden wieder von Joh. v. Eck geführt.

Die Worte, mit denen er ihn empfing, waren nicht eben freundlich. Es begann damit, zu wiederholen, daß Luther durchaus kein Recht gehabt hätte, eine Bedenkzeit zu fordern, da er schon längst den Zweck seiner Berufung gewußt hätte. Auch sollte die Sache des Glaubens für jedermann so gewiß sein, daß er zu jeder Zeit darüber bestimmte Rechenschaft ablegen könnte, um wieviel mehr ein so großer und geübter Professor der Theologie.

Als er die Frage an Luther von neuem stellte, veränderte er sie etwas. Er fragte jetzt: „Willst du deine Bücher alle verteidigen oder aber etwas widerrufen." Vielleicht war das nur zufällig oder im Anschluß an die einmal ausgesprochene Meinung der Stände, daß Luther, wenn er die gegen den Papst und die römische Kirche geschriebenen Bücher widerriefe, in anderen Dingen gehört werden sollte.

Und nun kam Luthers Antwort, auf die man noch mehr gespannt war als am Tage vorher.

Jetzt war alle Befangenheit bei ihm geschwunden. In unerschrockener Haltung, mit lauter Stimme, aber ohne allen rednerischen Schmuck, einfach und schlicht gab er seine wohlüberlegte Erwiderung.

Nachdem er den Kaiser und die Fürsten angeredet, bat er um Entschuldigung, falls er etwa jemandem nicht seinen gebührenden Titel gegeben. Er sei nicht an Höfen, sondern in Mönchszellen aufgewachsen. Von neuem erkannte er seine Schriften an, so weit sie nicht etwa von seinen Gegnern falsch übersetzt oder sonst verfälscht wären. Zur Hauptsache übergehend, bat er, darauf zu achten, daß seine Schriften nicht alle gleicher Art seien. Die einen, die nur von Glauben und Sitte handelten, würden selbst von den Gegnern als nützlich, unschädlich und lesenswert bezeichnet.

Eine andere Art seiner Bücher seien die, welche gegen das Papsttum und die Papisten gerichtet seien, als gegen die, welche in Lehre und Beispiel die Christenheit durch Übel beides des Leibes und der Seele verwüsteten. Das könne niemand leugnen, oder verhehlen, da es durch die Erfahrung aller und die Klage der Gesamtheit bezeugt sei, daß durch die Satzungen des Papstes und Menschenlehren die Gewissen der Gläubigen aufs erbärmlichste verstrickt, gequält und gemartert würden, und Hab und Gut zumal in der deutschen Nation verschlungen würden, obgleich sie, wie aus

dem kanonischen Recht zu ersehen, in ihren Gesetzen erklären, daß
päpstliche Satzungen und Menschenlehren, wenn sie dem Evangelium
und den Ansichten der Väter zuwider wären, für irrig und ver=
werflich zu halten seien.

„Wenn ich nun diese widerriefe", erklärte er, „würde ich
nichts anderes tun, als die Tyrannei bekräftigen, einer so großen
Ruchlosigkeit nicht nur die Fenster, sondern auch die Tür öffnen,
und die Veranlassung dazu sein, daß sie weiter und freier um sich
griffe, als je bisher, und durch meinen Widerruf würde das nichts=
würdige Regiment jener, welches dem armen Volk längst so un=
erträglich ist, in seiner Willkür und Straflosigkeit nur bestärkt und
befestigt werden, zumal man annehmen würde, daß dies von mir
aus Autorität kaiserlicher Majestät und des ganzen römischen Reichs
geschehen sei. Guter Gott, was würde ich dann für ein Schanddeckel
der Bosheit und der Tyrannei sein.

„Die dritte Art meiner Bücher sind solche, welche ich gegen
Private oder Einzelpersonen geschrieben habe, nämlich gegen die,
welche die römische Tyrannei zu schützen und die von mir vor=
getragene gottselige Lehre zu untergraben versucht haben. Gegen
diese bekenne ich heftiger gewesen zu sein, als sich ziemen möchte.
Denn ich mache mich zu keinem Heiligen, streite auch nicht um
mein Leben, sondern um die Lehre Christi; widerrufen darf ich
auch diese nicht, weil ich dadurch der Tyrannei und Ruchlosigkeit
Vorschub leisten würde, so daß sie heftiger gegen das Volk Gottes
wüteten und herrschten, als sie geherrscht haben.

„Doch weil ich ein Mensch und kein Gott bin, kann ich für
meine Schriftchen nicht besser eintreten, als der Herr Jesus Christus
für seine Lehre, der, als er vor Hannas um seine Lehre befragt
wurde und von einem Diener einen Schlag erhalten hatte, sagte:
„Habe ich übel geredet, so beweise, daß es böse ist." Wenn nun
der Herr selbst, der doch wußte, daß er nicht irren konnte, gegen
seine Lehre sogar von dem schnödesten Knechte Zeugnis anzunehmen
sich nicht geweigert hat, um wieviel mehr muß ich, niedrige Kreatur,
bitten und warten, ob jemand Zeugnis ablegen will gegen meine
Lehre. Derhalben bitte ich um der göttlichen Barmherzigkeit willen
Ew. Majestät, die allerdurchlauchtigsten Herrschaften, oder wer sonst,
sei es hoch oder niedrig, es vermag, Zeugnis vorzubringen, meine

Irrtümer darzutun, mich mit prophetischen und evangelischen Schriften zu überwinden. Wenn ich dessen überwiesen werde, werde ich bereit sein, jeden Irrtum zu widerrufen, und werde der erste sein, der meine Bücher ins Feuer wirft."

Aus dem allen, erklärte er weiter, nachdem hiermit die kaiserliche Frage beantwortet war, sei offenbar, daß er, woran man ihn tags vorher so streng erinnert habe, Zwietracht und Gefahren, die durch seine Lehre erregt seien, genügend gewürdigt habe. Das sei ihm die liebste Beobachtung bei der ganzen Sache, daß über dem Worte Gottes Eifer und Zwietracht sich erhöben. Denn das sei der Lauf und der Erfolg des Wortes Gottes, das da spreche: „Ich bin nicht gekommen Frieden zu senden, sondern das Schwert."

„Deshalb müssen wir bedenken, wie wunderbar unser Gott ist und schrecklich in seinem Rat, daß nicht etwa das, was jetzt, um die Ruhe wiederherzustellen, unternommen wird, wenn man mit der Verdammung des göttlichen Wortes beginnt, vielmehr nachher in eine unerträgliche Sintflut von Übeln umschlage. Hüten müssen wir uns auch, daß nicht auf diese Weise der Anfang der Regierung des trefflichen jungen Fürsten Karl, auf dem nächst Gott so große Hoffnung steht, ein unglückseliger und Unglück verheißender sei.

„Ich könnte dies mit reichlichen Beispielen aus der Schrift erklären, von Pharao, dem Könige von Babylon und den Königen von Israel, die sich gerade dann am schlimmsten ins Verderben gestürzt haben, wenn sie mit den klügsten Anschlägen ihre Reiche zu beruhigen und zu befestigen gedachten. Denn Er ist's, der die Klugen erhaschet in ihrer Klugheit (1 Kor. 3, 19) und die Berge zu Falle bringt, ehe sie es merken. Daher soll man Gott fürchten. Ich sage das nicht, als ob so hohe Häupter meiner Belehrung und Warnung bedürften, sondern weil ich dem Dienst, den ich meinem Deutschland schuldig bin, mich nicht entziehen will. Hiermit empfehle ich mich Euer allerdurchlauchtigsten Majestät und Euren Herrschaften und bitte demütiglich, mich nicht durch meine Widersacher grundlos bei Sich verunglimpfen zu lassen."

Luther hatte lateinisch gesprochen; man begehrte jedoch, daß er seine Rede auch deutsch wiederhole, wie die Frage in beiden Sprachen gestellt worden war. Es war ihm im Gedränge und weil er beinahe ganz unter den Fürsten stand, sehr heiß geworden, und der kurfürstliche Rat, Friedrich v. Thun, der dies bemerkte, rief ihm zu: „Könnt Ihr's nicht tun, so ist's genug, Herr Doktor." Aber Luther tat, wie ihm befohlen; in freier Umformung wiederholte er, was er gesagt hatte, so daß es für alle, auch für das Volk, verständlich war, das seine Teilnahme durch vielfaches Gemurmel zu erkennen gab.

Hierauf traten die Stände zusammen und beratschlagten. Man mochte in Verlegenheit sein über Luthers Antwort. Er hatte Gegengründe gefordert. Wollte man darauf eingehen, so wäre dadurch die päpstliche Verurteilung der Lutherschen Glaubenssätze als nicht zu Recht bestehend hingestellt worden. Das wäre aber weder im Sinne des Kaisers noch der Mehrheit der Stände gewesen, nachdem Luther die fraglichen Bücher anerkannt hatte. Auf eine Disputation wollte und konnte man sich nicht einlassen, dies war den Nuntien feierlich versprochen worden. Daraufhin wurde dem Offizial zu antworten befohlen.

In strafendem Tone warf er ihm vor, er habe nicht zur Sache gesprochen. Man habe nicht nötig, ihn, wie er forderte, durch Schriftgründe zu überwinden. Denn was er vorbringe, sei durchaus nichts Neues, sondern zum Teile das, was die Armen von Lyon, Wiclef und Hus und andere behauptet hätten, und was im Konzil zu Kostnitz durch päpstliche Heiligkeit, Kaiserliche Majestät und alle Väter, die zugegen gewesen, verdammt worden wäre. Man dürfe diese Konzilsbeschlüsse nicht wiederum in Zweifel ziehen, denn es habe bisher auch gelehrte Leute gegeben, welche ihre Lehren, die sie gegen jene Ketzereien aufgestellt, zum Teil mit ihrem Blut und mit Wunderzeichen bekräftigt hätten. Er solle dafür halten, daß Gott seine Kirche nicht habe bisher irren lassen, und deshalb bei der Einigkeit der Kirche bleiben. Wenn er die betreffenden Artikel, besonders die, welche zu Kostnitz bereits verdammt wären, widerriefe, würde man eine Weise finden, die übrigen Bücher zu erhalten, worin von denselben nicht gehandelt würde. Dadurch werde er dem Schicksal des Ketzers Arius entgehen, dessen Bücher alle verbrannt wurden, ungeachtet er auch vieles Christliche geschrieben habe. Darum möge er eine Antwort „ohne Hörner und ohne Mantel" geben, ob er die besagten Artikel und Bücher widerrufen wolle oder nicht.

Man sieht, worauf es dem Offizial und damit der Mehrheit der Stände ankam: Widerruf der vom Konstanzer Konzil verurteilten Artikel; auf dieser Grundlage glaubte man mit ihm weiter verhandeln zu können. Aber Luther schwankte keinen Augenblick. Eine unbemäntelte Antwort wollte man haben, und er gab sie:

„Wenn ich nicht durch Schriftzeugnisse oder augenscheinliche Gründe überführt werde (denn ich glaube weder dem Papst noch den Konzilien allein, da es feststeht, daß sie öfters geirrt haben und sich selbst widersprochen), so bin ich überwunden durch die von mir angeführten Schriften und mein Gewissen gefangen im Worte Gottes; widerrufen kann ich und will ich nichts, da wider das Gewissen zu handeln unsicher und unehrlich ist."

Ohne Zweifel war die Antwort deutlich genug; aber Luthers Leugnung der Verbindlichkeit der Konzilsbeschlüsse erschien vielen als etwas so Ungeheuerliches, daß der Sprecher des Reiches beauftragt wurde, Luther noch einmal zu befragen, ob er wirklich glaube, daß das Konzil irren könne. Luther erwiderte, das Konzil zu Kostnitz habe in vielen Stücken wider klare und helle Texte der heiligen Schrift beschlossen; die Schrift dringe ihn darum, zu sagen, daß das Konzil geirrt habe.

Als Eck dies leugnete, sagte Luther, er wolle es beweisen.

Man war gerade dabei, in eine wirkliche Disputation zu geraten, da erhob sich der Kaiser, aufgebracht über diese unerhörten Äußerungen, und machte den Verhandlungen ein rasches Ende. In dem allgemeinen Tumult, der darüber entstand, empfahl sich Luther bei dem Kaiser und den Fürsten und rief zuletzt aus: „Ich kann nicht anders, hier steh' ich, Gott helfe mir! Amen."

Wir wissen nicht mehr, in welchem Zusammenhang diese Worte gesprochen worden sind, auch können sie vielleicht etwas anders gelautet haben, bei der herrschenden Unruhe hat der eine Berichterstatter den Ausspruch so, der andere ihn so verstanden; sicherlich drückten sie zu gleicher Zeit seine felsenfeste Überzeugung von der Wahrheit seines in sich gewissen Glaubens aus, wie das Bewußtsein, daß hier nur Gott helfen könne. —

Über den Verhandlungen war es Nacht geworden. Alles drängte nach Hause. Zu seiner Sicherheit gab man ihm zwei Begleiter mit. Darüber erhob sich ein Getümmel, die Edelleute schrieen, man wolle ihn gefangen nehmen. Eine Schutzwache war aber nicht so unangebracht. Ein großer Teil der anwesenden Spanier, von seiner Ketzerei jetzt mehr überzeugt als je, zudem wohl auch abgestoßen von seinen wenig höfischen Manieren, verfolgte ihn auf dem Heimwege mit lautem Zischen und Höhnen.

In der Herberge erwarteten ihn schon Freunde und Neugierige. Dort brach seine ganze Unmittelbarkeit hervor. Ein Augenzeuge berichtet, daß er beim Eintritt die Hände in die Höhe reckte und mit fröhlichem Angesicht schrie: „Ich bin hindurch, ich bin hindurch." Daß er gerettet sei, oder die Gegner überzeugt habe, wähnte er freilich nicht, aber die große Stunde war vorüber; er hatte „als ein harter Fels verharrt", wie ein alter Bericht sagt, und nichts hatte ihn bewegen können, seiner Überzeugung untreu zu werden. Gleich darauf sagte er zu Spalatin, wenn er tausend Köpfe hätte, wollte er sie sich eher alle abhauen lassen, als einen Widerruf tun.

Der sächsische Kurfürst war mit seinem Professor zufrieden. Noch vor dem Abendessen ließ er Spalatin zu sich bescheiden und sagte zu ihm: „Wohl hat der Pater Doktor Martinus geredet vor dem Herrn Kaiser und allen Fürsten und Ständen in Latein und Deutsch; er ist mir viel zu kühn." Das sollte er ohne Zweifel dem Doktor mitteilen; mit ihm selbst zusammenzutreffen vermied er, er hat in seinem ganzen Leben keine Unterredung mit ihm gehabt.

Luthers Verhör war resultatlos geblieben. Was sollte nun geschehen, das war die große Frage.

Der Kaiser, der sogleich nach dem ersten Verhör erklärt hatte: „der wird mich nicht zum Ketzer machen", und seine Verwunderung darüber aussprach, daß dieser Mann solche Bücher schreibe, war der Ansicht, daß nunmehr dem Rechtsgefühl der Deutschen genug getan sein. Wie sehr ihm daran lag, die Sache zu beendigen und dem Papste zu Willen zu sein, ergiebt sich daraus, daß er schon am nächsten Morgen, Freitag den 19. April, ganz in der Frühe, die Reichsstände zusammenrufen ließ, um ihnen den Luther zu erteilenden Abschied vorzulegen.

Er erklärt darin, wie seine Vorfahren stets die Förderer des katholischen Glaubens, seiner Ordnungen und Einrichtungen gewesen seien, so habe er beschlossen, alles, was durch seine Vorgänger, und zwar besonders was auf dem Konzil zu Konstanz bestimmt worden sei, aufrecht zu halten; denn mit seiner Privatmeinung kämpfe dieser einzige Frater gegen die ganze Christenheit, als ob sie bisher im Irrtum gewesen. Alle seine Königreiche und Provinzen, Leib und Leben, ja seine Seele selbst wolle er in dieser Sache einsetzen. Er bedauert, Luthers Angelegenheit, dessen halsstarrige Antwort sie tagsvorher gehört hätten, so lange hingezogen zu haben, und will nichts mehr von ihm wissen. Das freie Geleit soll ihm gewahrt bleiben, dann aber gegen ihn als einen erklärten Ketzer vorgegangen werden.

Hiermit hatte sich der Kaiser ganz auf den Standpunkt der Kurie gestellt. Um ihr seine Ergebenheit zu zeigen, hatte er auch sogleich das betreffende Schriftstück nach Rom geschickt. Dort verfehlte man nicht, in mehreren Breven an den Kaiser, den Beichtvater und andere Räte, denen man einen Einfluß auf das Zustandekommen des Beschlusses beimaß, die päpstliche Dankbarkeit zu erkennen zu geben. Ja Leo X. ließ sich herab, dem Breve an Karl V. eigenhändig ein paar Worte des Dankes und der Aufmunterung zuzufügen, was eine seltene Auszeichnung war.

Wie anders sah man doch in deutschen Landen die Sache an! Mochte es auch, zumal unter den versammelten Fürsten, nur wenige geben, die sich in Luthers Ideengang hineinzuversetzen vermochten, die nicht auch wie der Kaiser und seine Ratgeber den Boden unter den Füßen zu verlieren fürchteten, wenn die Beschlüsse der Konzilien erst durch die Schrift auf ihre Wahrheit geprüft werden sollten, so hatte doch Luthers mannhaftes Auftreten für seine Überzeugung auch auf die ferner Stehenden einen bedeutenden Eindruck gemacht. Unmittelbar nach dem Verhör hatte der gut römische Herzog Erich von Braunschweig dem erschöpften Ketzer, noch ehe er den Bischofshof verließ, einen Trunk Eimbecker Bieres reichen lassen. Eine nicht geringe Zahl Fürsten, Grafen und Herren besuchten ihn in seiner Herberge, um ihm ihre Teilnahme kundzugeben. Damals machte Luther auch die Bekanntschaft Philipps von Hessen. „Habt Ihr Recht, Herr Doktor", sagte der Fürst zu ihm, „so helfe Euch Gott." Der venetianische Gesandte schrieb am 19. mit Rücksicht auf die Mitglieder des Reichstags:

„Bruder Martin hat viele, die ihm günstig sind", und der Botschafter Heinrichs VIII. von England meinte, die Deutschen wären so sehr für Luther eingenommen, daß eher Hunderttausende ihr Leben opfern würden, ehe man zuließe, daß Luther durch die Autorität des Papstes unterdrückt würde.

Und wenn irgend etwas, so hatte Luthers Verhör die Menge für ihn begeistert. Daß er sich erboten, seine Lehre zu widerrufen, wenn man ihn widerlege, und sich doch niemand dazu gefunden, galt als der sicherste Beweis, daß man ihn nicht zu widerlegen vermochte. Die allgemeine Mißstimmung wandte sich jetzt schon nicht mehr bloß gegen die Prälaten, sondern machte sich auch in Drohungen gegen die Machthaber im Reiche Luft. In den kaiserlichen Gemächern fand man, so erzählte man sich wenigstens in Reichstagskreisen, einen Zettel mit dem Spruche: „Wehe dem Lande, dessen König ein Kind ist." Ein Anschlag an dem Rathause kündigte den Romanisten und vor allem dem Erzbischof von Mainz ernstliche Feindschaft von vierhundert Edelleuten an, die sich verschworen hätten, den gerechten Luther nicht zu verlassen. „Schlecht schreib' ich", schloß der Anschlag, „aber einen großen Schaden mein' ich, mit achttausend Mann kriegen will ich: Bundschuh, Bundschuh, Bundschuh." Demnach stellte man auch einen Bauernaufstand in Aussicht.

Es steht dahin, wie weit das ernstlich zu nehmen war. Von Sickingen und Hutten, die soeben von neuem für den kaiserlichen Dienst gewonnen waren, war jetzt nichts zu fürchten, obwohl der letztere noch in den letzten Tagen kühne Briefe an Luther geschrieben hatte. Nicht ohne Grund spöttelten die Römlinge, daß Hutten zwar belle, aber nicht beiße. Nichtsdestoweniger mußten solche Äußerungen das allgemeine Unbehagen erhöhen und Luthers sofortige Verurteilung schon aus politischen Erwägungen nicht rätlich erscheinen lassen.

Als das kaiserliche Edikt in der Reichsversammlung zur Verlesung kam, machte der päpstliche Legat die Beobachtung, daß viele bleich wurden. Nach längeren Verhandlungen am Freitag und Sonnabend wurde beschlossen, dem Kaiser vorzuhalten, daß leicht eine Empörung im Reich entstehen könne, wenn man trotz Luthers Erbieten „dermaßen geschwindlich ohne Verhör" vorgehen würde.

Der Rat der Stände ging deshalb dahin, durch gelehrte und verständige Männer bei Luther den Versuch machen zu lassen, ob er nicht auf den rechten Weg zu bringen wäre. Aleander, der jetzt fürchtete, Luther könnte wirklich einiges zurücknehmen, was dann zur Folge haben würde, daß man auf seine Artikel gegen das Papsttum eingehen würde, suchte dies nach Möglichkeit zu verhindern. Indessen ging der Kaiser Montag den 22. darauf ein und bewilligte noch drei Tage Frist, erklärte übrigens, daß er bei seinem Beschluß beharre. Der Reichstag erwählte sogleich eine Kommission, die sich mit der Sache befassen sollte; sie bestand aus zwei Kurfürsten, dem von Trier und Brandenburg, dem Herzog Georg von Sachsen, den beiden Bischöfen von Augsburg und Brandenburg, dem Deutschmeister, dem Grafen Georg von Wertheim, den städtischen Gesandten Konrad Peutinger von Augsburg, Johann v. Bock aus Straßburg, und dem Kanzler des Markgrafen von Baden, Dr. Hieronymus Vehus. Die Leitung des Ganzen übernahm der Kurfürst und Erzbischof von Trier, Richard v. Greiffenklau, ein wohlwollender Mann, der mit dem Kurfürsten von Sachsen sehr befreundet war und allen Ernstes eine Vermittelung anstrebte. Es war derselbe, den Luther früher in den Verhandlungen mit Miltitz als Schiedsrichter vorgeschlagen hatte. Noch am selben Tage wurde Luther von dem Vorhaben benachrichtigt, er erklärte sich bereit, zu der festgesetzten Stunde zu erscheinen.

Nachdem sich die Kommission am 23., an welchem Tage wegen des Georgsfestes keine Beratungen stattfinden konnten, über den einzuschlagenden Weg geeinigt und den Kanzler Vehus zu ihrem Sprecher gewählt hatte, trat man Mittwoch den 24. April früh um 6 Uhr in der Behausung des Trierer Kurfürsten zur Beratung zusammen. Luther war mit mehreren Begleitern erschienen.

Hieronymus Vehus begann mit einer längeren Rede. Auch er ging davon aus, daß man sich in keine Disputation mit ihm einlassen wolle, da dieselbe weder vonnöten noch ersprießlich sein werde; aber um der brüderlichen Liebe willen wolle man ihn freundlich ermahnen, ob er nicht bei dem unzertrennten Rock und der einigen christlichen Kirche verbleiben wolle. Habe er Gegenbeweise aus der heiligen Schrift begehrt, so wolle man ihn auf das Zeugnis der Kirche und seines Gewissens verweisen. Vehus gab die

Möglichkeit zu, daß christliche, im heiligen Geist versammelte Konzilien geirrt haben könnten, damit sei ihnen aber noch nicht die Autorität benommen, denn wenn sie auch Verschiedenes ausgesagt hätten, so doch nicht Widersprechendes. Es verhält sich mit ihnen nach seiner Ansicht wie mit den Reichsverordnungen, die sich je nach der Lage der Zeit richten. Die zunehmende Sünde habe in der Kirche manche Satzungen nötig gemacht; zum Lobe Gottes seien im Laufe der Zeit im Gottesdienst manche Einrichtungen getroffen worden, die gute Früchte gebracht hätten: er möge daher bedenken, ob es recht sei, in diesen letzten Zeiten die Messe und andere göttliche Ämter herabzusetzen. Und endlich, wenn dies keinen Eindruck mache, so solle er daran denken, daß es in der Schrift heißt, daß Kaiphas weissagte, weil er desselben Jahres Hoherpriester war. Um wie viel mehr müsse man annehmen, daß ein christliches Konzil, im Namen Christi versammelt, welches die ganze Christenheit repräsentire, heilsame, gute und nützliche Ordnungen hervorbringen werde zur Ehre Gottes und zum Nutzen der Menschen?

Dann aber möge Luther auch sein eigenes Gewissen zu Rate ziehen. Das werde ihn über drei Dinge belehren. Erstens, daß man nicht auf seinen eigenen Verstand bauen solle, sondern wie schon der heilige Bernhard sage, lieber der Meinung eines andern nachgeben. Die Väter hätten gewiß auch das Evangelium gelesen und es ebensowohl verstanden als er, die evangelische Lehre inbrünstiger bewahrt, als es jetzt gewöhnlich geschehe. Wenn er nur Gottes Ehre und der Menschen Heil suche, so möge er darüber sein eigenes Heil nicht vergessen und sich davor hüten, betrogen zu werden.

Ferner werde ihm sein Gewissen bezeugen, daß er Ärgernis vermeiden solle. Und wie viel Ärgernis sei schon durch seine Lehre hervorgerufen worden, besonders durch sein Buch von der Freiheit eines Christenmenschen, wenn es auch richtig sei, daß Paulus nur von der geistlichen Freiheit gesprochen habe! Und in anderen Büchern habe er selbst die Obrigkeit mit „etwas unmessiger bescheidenheit" angetastet. Endlich werde er, wenn er bei seinen Irrtümern stehen bleibe, selbst die Ursache sein, daß auch die guten Früchte, die durch seine trefflichen Schriften, wie die von den zehn Geboten, von den guten Werken, von der dreifachen Gerechtigkeit, erweckt seien, unterdrückt würden, denn er wisse, daß der Kaiser, falls er auf seinem Standpunkt beharre, gegen ihn vorgehen und ihn aus dem Reiche treiben werde. —

So hatte noch kein Gegner mit Luther verhandelt. Vehus hatte seinen Ermahnungen die geeignetste Form gegeben. Er hatte sie Luthers Anschauungen möglichst angepaßt. Das waren nicht die alten abgebrauchten Gründe für die Unfehlbarkeit des Konzils. Vom Papst war gar keine Rede und die Hinweisung auf Bernhard, den Luther unter allen mittelalterlichen Vätern am meisten verehrte, geschah wohl mit gutem Bedacht. Ein Aleander, ein Eck würden diese Auslassungen kaum gebilligt haben; sie galten damals noch in deutschen Landen als gut katholisch; weder die Bischöfe, noch so römischgesinnte Männer wie Joachim von Brandenburg und Georg von Sachsen taten dagegen Einspruch.

Luther dankte demütig für die große Güte, die man ihm, dem unbedeutendem Manne, erwiesen. Er hat dieselbe auch später immer anerkannt. Zur Sache bemerkte er, daß er durchaus nicht alle Konzilien verworfen habe, sondern nur das von Konstanz, weil dieses durch Verdammung der Artikel des Hus das Wort Gottes verdammt habe. Lieber wolle er Blut und Leben daran geben, ehe er sich dazu zwingen ließe, das offenbare Wort Gottes zu widerrufen. Denn da heißt es, daß man Gott mehr gehorchen solle, als den Menschen. In diesem Punkte könne er Ärgernis nicht vermeiden, wie es nicht in seiner Macht stünde, daß Christus nicht ein Fels des Ärgernisses sei. Er wisse, daß man der Obrigkeit, auch der bösen, gehorchen müsse, auch nicht auf eigener Meinung beharren dürfe; so habe er in seinen Schriften gelehrt, so wolle er sich auch ferner verhalten, sofern er nur nicht genötigt würde, das Wort Gottes zu verleugnen.

Nach kurzer Beratung der Kommissionsmitglieder wurde Luther aufgefordert, seine Schriften doch dem Urteile des Kaisers und des Reichs zu unterbreiten.

Nach dem, was über die Meinung des Kaisers verlautet hatte, war das jetzt eine ziemlich starke Zumutung. Aber Luther wies sie nicht direkt zurück. Er verwahrte sich dagegen, daß man sage, er entziehe sich dem Urteilsspruch des Kaisers und der Reichsstände. Er fürchte ihre Prüfung nicht, wofern sie nur auf

Grund des göttlichen Wortes geschehe. Das Wort Gottes sei so offenbar für ihn, daß er nicht nachgeben könne, falls er nicht durch dasselbe eines besseren belehrt würde. In diesem Sinne nahm er den Vorschlag an und bat, bei dem Kaiser dahin zu wirken, daß man ihn nicht zwingen möge, in dieser Sache wider sein Gewissen zu handeln. Hierauf richtete der Kurfürst von Brandenburg an ihn die Frage: ob er wirklich gesagt habe, daß er nur nachgeben wolle, wenn er durch die heilige Schrift widerlegt würde. „Ja wohl, gnädigster Herr", antwortete Luther, „oder durch klare und augenscheinliche Gründe." Damit wurden die Verhandlungen zunächst abgebrochen.

Die Stände begaben sich in die Reichsversammlung. Nur Richard v. Greiffenklau blieb zurück, um sich weiter mit Luther zu besprechen. Außer Luthers Freunden Schurf und Amsdorf waren jetzt noch der Offizial Eck und der Frankfurter Domdechant Joh. Cochleus zugegen. Letzterer, den man auch als Humanisten kannte, hatte sich wenigstens in Briefen noch vor wenigen Monaten für Luther günstig ausgesprochen. Seit Anfang des Jahres war er jedoch als sein Gegner aufgetreten. Augenblicklich ließ er sich von Aleander für seine Zwecke benutzen. Schon vor Tage, früh um vier Uhr, hatte dieser ihn zu sich rufen lassen und ihm den Auftrag erteilt, sich bei den Verhandlungen mit Luther einzustellen, um ihm getreulich Bericht erstatten zu können.

Hier nahm jetzt wieder Eck von Trier das Wort. Er setzt gewissermaßen das Gespräch fort, das vor dem Reichstage nicht hatte zu Ende geführt werden können. Gegenüber Luthers Betonung der Schrift meinte er, daß fast alle Ketzereien aus der heiligen Schrift hervorgegangen seien. Für die Untrüglichkeit der Konzilien führte er an, daß der Herr der Kirche seinen Schutz versprochen habe, was Luther aber nicht auf die sichtbare Kirche und ihre Repräsentation im Konzil zu beziehen vermochte. Trotz des entschiedenen Verbotes des Aleander, sich in keine Disputation einzulassen, mischte sich doch auch Cochleus ins Gespräch. Es wurde mancherlei hin und her debattirt, auch Hieronymus Schurf nahm dabei das Wort. Schließlich ging man resultatlos auseinander.

Am Nachmittag versuchte Cochleus, der vor Begierde brannte, sich mit Luther zu messen, auf ihn in dessen Behausung einzuwirken,

5*

zum Teil in herausfordernder, hochmütiger Redeweise. Er schlug ihm nichts Geringeres als eine Disputation vor, zu welchem Zwecke er auf sein freies Geleit verzichten solle. Luther wäre beinah darauf eingegangen, wenn nicht die kurfürstlichen Räte dazwischen getreten wären. Cochleus erzählte später Wunderdinge von dem Eindruck, den seine Beweisgründe auf Luther gemacht, daß er ihn zu Tränen gerührt u. dgl.; — wir wissen nur, daß Luther unbeweglich blieb und daß aus jenen Tagen die bittere Feindschaft zwischen beiden Männern herrührte.

Unterdessen hatte der Kaiser auf den Bericht des Vehus, dem Schurf bald nach jener ersten Unterredung die Sache so dargestellt, als ob wirklich Aussicht auf eine Einigung vorhanden wäre, sich bereit finden lassen, noch weitere zwei Tage Frist zu gewähren. Am Morgen des 25. fanden sich Dr. Vehus und Dr. Peutinger bei Luther ein, um von neuem in ihn zu dringen, seine Schriften dem Kaiser und den Reichsständen ohne alle Bedingung zur Beurteilung zu überantworten. Es war merkwürdig, wie diese beiden Männer, die doch in so vielen Punkten mit Luther übereinstimmten, sich vor der Anerkennung der Schrift als alleiniger Glaubensgrundlage scheuten, während sie doch andrerseits selbst eine Beurteilung von Luthers Sache nach der Schrift wünschten. Vehus suchte Luther auf jede mögliche Weise zu bewegen, jene Klausel von der Schrift fortzulassen. Er machte geltend, daß Luther dadurch schon ein gewisses, durchaus ungehöriges Mißtrauen zu erkennen gebe. Die Unterhändler meinten, es verstände sich ja von selbst, daß eine so christliche Versammlung wie der Reichstag nur nach dem Worte Gottes und dem Evangelium richten würde. Sie wollten, wenn auch nicht als Bedingung, Luthers Begehren in dieser Beziehung auch mit erwähnen.

Man sprach so eindringlich drei Stunden lang in ihn hinein, daß er sich Bedenkzeit erbat. Es konnte ihm nicht entgehen, daß die beiden Doktoren es gut mit ihm meinten, er konnte wohl auch einen Augenblick glauben, daß man wirklich die Schrift als Richtschnur des Glaubens anerkennen wolle. Aber warum wollte man ihm dann nicht gestatten, dies als Bedingung zu stellen? Am Nachmittag wies er den Antrag zurück. Er konnte sich nicht entschließen, das Wort der Schrift menschlichem Ermessen unterzuordnen. „Verflucht ist der Mann, der sich auf Menschen verläßt" (Jerm. 17, 5), antwortete er mit der Schrift. „Verlasset euch nicht auf Fürsten, sie sind Menschen, sie können ja nicht helfen" (Pf. 146, 3).

Da fragte Peutinger, ob nicht durch ein Konzil der Sache abzuhelfen wäre. Das war lange der Weg gewesen, auf dem Luther eine Entscheidung erhofft hatte. Er wies ihn auch jetzt nicht zurück. Er verlangte nur, daß man es beschleunige, auch dort auf Grund der Schrift urteile. Daraufhin erklärte er sich bereit, über die für irrig gehaltenen Punkte, die man ihm schriftlich mitteilen solle, zu schweigen, aber nur über diese, während er sich sonst die freie Verkündigung des Wortes Gottes vorbehielt. Die Vermittler überhörten hier die Klausel von der Schrift und glaubten in der Tat eine Einigung gefunden zu haben. Bei dem weitverbreiteten Wunsche nach einem Konzil war es nicht unmöglich, daß die Reichsversammlung Luthers Vorschlag zu dem ihrigen machte. Gerade in jenen Tagen, daran muß man sich erinnern, wurden auch die Beschwerden gegen das Papsttum übergeben. Sofort begaben sich Peutinger und Vehus zu dem Kurfürsten von Trier, der, über diese Kunde hoch erfreut, die Sache nun in einem letzten Gespräch zu Ende bringen wollte, um dann dem Kaiser zu berichten.

Luther hatte zu Richard v. Greiffenklau großes Vertrauen. Als er jetzt unter vier Augen mit ihm verhandelte, eröffnete er ihm unter dem Siegel des Beichtgeheimnisses sein ganzes Herz. Aleander wollte wissen, daß er ihm wichtige Dinge mitgeteilt, auch die Verfasser einiger anonymen gegen das Papsttum erschienenen Schriften angegeben. Er brannte darauf, dieselben zu erfahren und forderte sogar den Bruch des Beichtgeheimnisses. Galt es seinen Zweck zu erreichen, „zur Ehre Gottes und zur Beförderung des Kirchenfriedens", war diesem Menschen auch das wichtigste Gebot der Kirche nicht mehr heilig: er erklärte, der Erzbischof sei nicht verbunden, „einem Mann das Sakrament der Beichte zu halten, der die Beichte zerstört, der ein notorischer Ketzer und kein Glied der Kirche mehr sei". Wir hören nur, daß in jenem vertraulichen Gespräche, zu dem schließlich auch Spalatin zugezogen wurde, Luther dem Kurfürsten noch einmal die Gründe auseinandersetzte, warum er weder dem Kaiser noch den Reichs=

ständen in der vorgeschlagenen Weise seine Sache zur Beurteilung übergeben könne. Aleanders Furcht, er möchte, um seine Sätze gegen das Papsttum, worin die ganze Welt mit ihm übereinstimmte, zu retten, in den Glaubenssätzen etwas nachgeben, war unnötig gewesen. Eine solche Überlegung existirte für ihn nicht. Der Papst und die Mehrzahl der Stände konnten meinen, das seien ganz verschiedene Dinge, seine scharfen Anklagen gegen die Verderbnisse der Kirche seien nichts anderes als die alten Beschwerden der deutschen Nation. Für ihn hing doch das alles aufs engste zusammen, er wußte und hatte es klar genug darzutun gesucht, daß das Verderben in der Kirche auf der Verkehrung des göttlichen Wortes beruhe. Alle Überredungskünste des freundlichen Kirchenfürsten waren vergeblich. Aufgefordert, nun doch seinerseits Mittel anzugeben, wie eine Einigung zu erzielen sei, antwortete er mit Gamaliel: „Ist der Rat oder das Werk aus den Menschen, so wird es untergehen; ist's aber aus Gott, so könnt ihr's nicht dämpfen." Er wisse sicher, wenn sein Beginnen nicht aus Gott sei, so werde es innerhalb drei, vielleicht schon zwei Jahren von selbst untergehen. So könnten der Kaiser und die Reichsstände an den Papst schreiben. Bei den bestehenden Rechtsanschauungen wußte er selbst keinen andern Ausweg, als seine Sache Gott und der Zeit zu überlassen.

Der Kurfürst meinte doch noch, daß mit einem Konzil etwas zu erreichen sei. Er fragte, was Luther zu tun gedächte, wenn man die Artikel, welche einem Konzil vorgelegt werden sollten, ausgezogen hätte. Luther antwortete ausweichend: „Wenn es nur nicht die sind, welche das Konstanzer Konzil verdammt hat?" Als der Kurfürst die Befürchtung aussprach, daß es gerade diese Artikel sein möchten, da erklärte er: „Ja, über diese kann ich und will ich nicht schweigen, da ich gewiß bin, daß in ihnen das Wort Gottes verdammt ist. Lieber will ich Kopf und Leben verlieren, als das klare Wort Gottes verlassen."

Mit dieser Erklärung war alles entschieden. Der Kurfürst entließ ihn freundlich und versprach, wie Luther wünschte, ihm beim Kaiser die Erlaubnis zur Abreise auszuwirken.

Und die kaiserliche Entlassung wurde ihm sehr bald zu Teil. Nach wenigen Stunden schon ließ ihm der Kaiser durch den Offizial von Trier ankündigen, da alles Mahnen vergeblich gewesen sei, bleibe nichts übrig, als daß er nunmehr als Beschützer des Glaubens gegen ihn verfahre. Wohl gab es Stimmen in der Umgebung des Monarchen, die ihm rieten, dem Ketzer das Wort nicht zu halten und mit ihm wie einst Sigismund mit Hus zu verfahren; sein Lehrer, der spätere Papst Hadrian, mahnte dringend, wenn er sich selbst scheue, gegen Luther einzuschreiten, ihn doch an die Kurie auszuliefern, um der ganzen Welt zu zeigen, daß er ein Feind der Feinde Christi sei; aber Karl ging nicht darauf ein und versprach, das freie Geleit, was er einmal zugesagt, zu halten. Einundzwanzig Tage sollte es währen. Bis dahin habe Luther nach Hause zurückzukehren, unterwegs des Schreibens und Predigens sich zu enthalten, um das Volk nicht zu erregen.

Luther erwiderte: „Es ist geschehen, wie es dem Herrn gefallen. Der Name des Herrn sei gelobt." Dann ließ er dem Kaiser und den Ständen seinen Dank entbieten, daß sie ihn mit so vieler Güte angehört und auch sein Geleit wahren wollten. Nichts habe er gewollt, als eine Reformation der Kirche durch die heilige Schrift. Für Kaiser und Reich sei er bereit, alles zu erdulden, nur das eine müsse er sich vorbehalten, das Wort Gottes frei zu bekennen und zu bezeugen.

Das war sein letztes Wort an die kaiserlichen Vertreter. Darauf gaben sie sich die Hände und schieden von einander.

Daß er die schärfste Verurteilung zu erwarten, darüber konnte Luther selbst keinen Augenblick in Zweifel sein. Wir hören doch in dieser Zeit kein Wort der Sorge oder des Unmuts von ihm. Selten war ein Mensch verlassener, als Luther in jenen Tagen. Die Kirche hatte ihn ausgestoßen; jede Stunde hatte er die Acht zu erwarten, die ihn aus der menschlichen Gesellschaft ausstieß; es gab keinen Richter auf Erden, der ihm zu seinem Recht verhelfen konnte. Es blieb ihm nichts als sein Gott, dem er felsenfest vertraute, und sein Gewissen, welches ihm bezeugte, nur die Ehre Gottes, nicht die eigene gesucht zu haben. Was mag nicht alles in jenen Tagen durch seine Seele gegangen sein! An sich selbst hat er wohl am allerwenigsten gedacht. Was lag an seiner Person? Aber die Tausende, die seinem Worte gläubig gelauscht, die nun mit in sein Schicksal verflochten wurden?

Man hat ihn an die große Verantwortlichkeit oft erinnert und er war sich derselben voll bewußt. Wie groß war doch die Versuchung, die an ihn herantrat! Selbst der kühle Beobachter von heute könnte meinen, es wäre vielleicht besser, wenigstens klüger gewesen, wenn Luther — darum drehte sich doch schließlich alles — weniger starr an der Verwerfung des Konzils festgehalten hätte, da bei einiger Nachgiebigkeit in diesem Punkte viel gewonnen werden konnte. Denn außerdem, daß der Reichstag hierdurch mittelbar von neuem zu der Erklärung veranlaßt worden wäre, daß das Konzil über dem Papste stehe, woraus ein unberechenbarer, politischer Vorteil erwachsen konnte, hätte die neue Anschauung, ohne für häretisch gelten zu müssen, sich ungehindert ausbreiten können; ja bei der Abneigung Roms gegen ein Konzil war es denkbar, daß die evangelische Lehre indessen überall in deutschen Landen die Oberhand gewann, eine Spaltung unserer Nation vermieden worden wäre. — —

Aber solche Erwägungen konnte Luther nicht haben, und wenn er sie gehabt hätte, wären sie für ihn nicht bestimmend gewesen. Es gehört zu den vielfach verhängnisvollen, aber doch um ihrer Motive willen bewundernswerten Eigentümlichkeiten der deutschen Reformation, daß sie, soweit es an Luther lag, den Gegnern zum Vorteil, oft bis zur Kurzsichtigkeit den Erwägungen der Klugheit und Berechnung sich verschlossen hat. So schon hier. Mochte kommen, was da wollte, einem Konzil, welches die heilige Schrift nicht als Glaubensgrundlage anerkannte, konnte er sich nicht unterwerfen, ohne alles das wieder in Zweifel zu stellen, was ihm durch die Schrift und die innere Erfahrung zur Überzeugung und zur innerlichen Gewißheit geworden war. Aus dem Wort war sein Glaube geboren, in ihm wurzelte derselbe, aus ihm nahm er — das war seine unentwegte Überzeugung — auch die Kraft, sich der ganzen Welt entgegenzustellen.

Auf der andern Seite ist es doch unrichtig, wie dies vielfach geschehen, in Luthers Gegnern, die seiner Verurteilung zustimmten, oder sie doch geschehen ließen, nur unfromme Menschen zu sehen, die sich hartnäckig der offenbaren Wahrheit widersetzten. Unter den bestehenden Rechtsverhältnissen und zeitalters überlieferten Rechtsanschauungen war, wenn überhaupt eine richterliche

Entscheidung getroffen werden sollte, und darin lag der Fehler, kein anderer Ausweg übrig, als daß Luther verurteilt wurde. Daß er die Unfehlbarkeit der Konzilien geleugnet, hatte seine Ketzerei nach damaligen Anschauungen unwiderleglich erwiesen, auch den ihm freundlich gesinnten Ständen. Denn damit verwarf er den höchsten Gerichtshof, an welchen die abendländische Christenheit bisher wenigstens ideell sich angeklammert hatte. Darüber hinaus gab es nichts. Wer dieses höchste Gericht nicht anerkannte, der stellte sich, so mußte jeder urteilen, der Luthers Anschauungen noch nicht in sich aufgenommen, dem es noch nicht wie ihm zur Gewißheit geworden, daß alles, auch Recht und Sitte, an der Schrift gemessen werden müsse, außerhalb des bestehenden Rechts. Dagegen wußten doch auch seine Freunde nichts einzuwenden. Hier reichte alle menschliche Weisheit nicht aus.

In der Tat, in jenen Tagen zu Worms handelte es sich noch um mehr als um religiöse und kirchliche Fragen. Zwei Weltanschauungen trafen da aufeinander, von denen die eine mit allem brach, was eine mehr als tausendjährige Entwickelung zu ewigem Rechte gestempelt hatte. Der lange unterdrückte Gedanke, daß es etwas gäbe, was über allem geschriebenen und überliefertem Recht stände, daß der Einzelne auch ein Recht habe gegenüber dem Ganzen, das Recht, auf die eigene Gefahr hin auch irren zu dürfen, mit einem Worte der Gedanke von der Freiheit des Gewissens war es, der hier fast wie zum ersten Mal zum Ausdruck kam. Man darf sich nicht wundern, daß die alte Zeit gegen diese Neuerung sich noch einmal zusammenfaßte. Manche mochten die große Gefahr, die darin lag, wenigstens ahnen. Wankten nicht die Stützen des Reichs in ihren Grundfesten? Konnte man das Recht der Gewissensfreiheit nicht auch auf anderen Gebieten als auf dem religiösen zur Geltung bringen wollen? Was oder wer verbürgte dann noch den Bestand des Rechts überhaupt? Die vielen, denen Luthers Gedankengang ein Rätsel, die in ihm nur den böswilligen Starrkopf sahen, die den Gedanken von einem durch die Schrift gebundenen Gewissen nicht zu fassen vermochten, überhörten über dem Wort von der Freiheit eines Christenmenschen nur zu leicht den andern Teil seiner Predigt, daß ein „Christenmensch sei ein dienstbarer Knecht aller Dinge und jedermann untertan", und konnten leicht in der Ferne mit einigem Schein den Umsturz aller Dinge hereinbrechen sehen. Es konnte ihnen als eine sittliche Pflicht gelten, als eine gute Tat, den Verderber zu vernichten.

So urteilten die einen, während andere, wie Friedrich von Sachsen, der sich daran hielt, daß man auf Luthers Begehr, ihn zu widerlegen, nicht eingegangen war, meinte, daß nicht allein Hannas und Kaiphas, sondern auch Herodes und Pilatus gegen ihn sei. „Davor", setzt er hinzu, „will nichts helfen; es steht bei Gott, er wird es sonder Zweifel wohl schicken." —

Immerhin lag doch dem Kurfürsten und seinen Räten die Frage nahe, was sie ihrerseits etwa für Luther tun könnten. War seine Verurteilung nicht zu verhindern, so fragte es sich doch, ob der Kurfürst nicht ein Recht habe, seinen Untertanen, den Wittenberger Professor, vor Unbillen zu schützen, ihn den Verfolgungen zu entziehen, so lange sie noch nicht ausgebrochen waren. Noch war Luther nicht verurteilt, noch unterstand er vollkommen seiner Macht. Vielleicht legte sich der Sturm und war eine einsichtigere Verständigung zu erhoffen, wenn es gelang, Luther eine Zeit lang in der Stille zu verwahren und ihm Schweigen aufzulegen.

Der Plan dürfte kaum vom Kurfürsten selbst ausgegangen sein, vielleicht von seinem, Luther so sehr ergebenen Bruder Johann. Er hat seinen Räten wohl nur eine allgemeine Vollmacht nach jener Richtung hin erteilt, ohne über das Einzelne Bestimmungen zu treffen. Sicher ist, daß sowohl er wie Herzog Johann lange Zeit Luthers Aufenthalt nicht gekannt haben. Noch am letzten Abend in Worms erhielt Luther in Gegenwart Spalatins durch Philipp von Feilitzsch und Friedrich von Thun Kunde davon, daß man ihn in Gewahrsam bringen wolle. Wohl oder übel mußte er darauf eingehen, wenn auch ungern. Nur wenige wußten davon, nicht einmal seine Begleiter, mit denen er Freitags am 26. April früh 10 Uhr von Worms abreiste. Erst in Oppenheim schloß sich der kaiserliche Herold ihm an. Unter seinem Schutze erreichte er am Sonnabend Frankfurt, wo er in seiner früheren Herberge Quartier nahm.

Von da aus schrieb er am 28. an seinen Freund und Gevatter, den Maler Lucas Kranach in Wittenberg: „Ich segne und befehle euch Gott: ich laß mich eintun, weiß selbst nicht wo, und wie wohl ich lieber hätte von den Tyrannen, sonderlich von des wütenden Herzog Georgen zu Sachsen Händen den Tod erlitten, muß ich doch guter Leute Rat nicht verachten bis zu seiner Zeit. — — Es muß ein klein Zeit lang geschwiegen und gelitten sein: ‚Ein wenig sehet ihr mich nicht; und aber über ein wenig so sehet ihr mich‘, spricht Christus (Joh. 16, 16). Ich hoff, es soll itzt auch so gehen. Doch Gottes Wille als der allerbeste geschehe hierin, wie im Himmel und Erden, Amen."

Ohne Hab und Gut, ohne Weib und Kind, ward es ihm nicht allzu schwer, der Stätte seiner Wirksamkeit eine Zeit lang fern zu bleiben. Er ließ wenig dahinten. Nur für seine Vertretung im Predigtamte sorgte er. Da sollte Licentiat Feldkirch für ihn eintreten, im Notfall würde auch Amsdorf bereit sein.

Noch Sonntags, früh um 10 Uhr, reiste er weiter nach Friedberg, von wo er einen lateinischen Brief an den Kaiser schickte. Unter dem Ausdruck des untertänigsten Dankes für das ihm bewahrte Geleit bespricht er darin das gegen ihn zu Worms eingeleitete Verfahren. Der Angelpunkt sei gewesen, daß er, durch sein Gewissen und die heilige Schrift gebunden, es nicht über sich gebracht hätte, seine Bücher und Lehren der willkürlichen Beurteilung der Reichsstände oder eines Konzils zu unterwerfen, da er allein eine Prüfung derselben durch die heilige Schrift zugestehen könne. In zeitlichen Dingen, die mit dem Worte Gottes und den ewigen Gütern nichts gemein haben, solle man einander vertrauen; aber nimmermehr leide es Gott, daß ein Mensch dem andern das Wort Gottes überantworte, das der Richter aller bleiben müsse. Seine Lehre nach ihm prüfen zu lassen und, falls er des Irrtums überführt werde, zu widerrufen, sei er auch jetzt noch gern bereit, ja, er bitte den Kaiser, von dem er sich des Besten versehe, nicht um seinetwillen, sondern im Namen der ganzen Kirche darum, eine solche Prüfung zu veranstalten, da er nichts anderes suche, als die Ehre Gottes und das allgemeine Wohl, unbekümmert darum, ob man ihm zustimme oder nicht.

Ein Schreiben ziemlich gleichen Inhalts richtete er auch an die Stände des Reichs. Zugleich entließ er, wohl auf Grund früherer Verabredung mit Spalatin, den Reichsherold und reiste Montag über Grünberg nach Hersfeld weiter. Dort erwartete ihn die

freundlichste Aufnahme vonseiten des Abtes des Benediktiner=
klosters. Eine gute Meile weit zogen ihm die Mannen desselben
entgegen. Er selbst empfing ihn vor dem Tore und geleitete ihn
in die Stadt, wo ihn der Rat begrüßte. Im Kloster mußte er
Quartier nehmen. Der Abt räumte ihm sogar sein Schlafgemach
ein. Man wollte durchaus eine Predigt von ihm hören und es
war vergebens, daß er darauf hinwies, man könne dies leicht als
einen Geleitsbruch ansehen, auch könnte der Abt überdies um
deswillen seine Regalien verlieren. Er mußte sich dazu verstehen,
am andern Morgen, früh fünf Uhr, vor dem Volke zu predigen.
Ebenso ging es in Eisenach, wo man ihm gleichfalls entgegenzog
und zu einer Predigt nötigte, wogegen der Pfarrer, um keine
Ungelegenheiten zu haben, vor Notar und Zeugen protestirte.

Am Abend des 2. Mai war er daselbst angekommen, den
Morgen darauf trennten sich seine Genossen mit Ausnahme des
Amsdorf und des Bruder Petzensteiner von ihm, um geraden
Weges in die Heimat zu ziehen. Er selbst wandte sich den
Bergen zu, um seine dortigen Verwandten zu besuchen. Er war
wohl seit seinem Erfurter Aufenthalt nicht mehr mit ihnen zu=
sammengekommen und jetzt sollte er sie als ein Gebannter, der
bald auch die Acht zu erwarten hatte, wiedersehen, vielleicht zum
letzten Mal. Die Seinen haben daran keinen Anstoß genommen
und nahmen ihn freundlich auf. Von Möhra, dem alten Stamm=
orte, wo er bei seinem Oheim, Heinz Luther, gewesen, schlug er
den Weg über Schweina, Altenstein nach Waltershausen ein. Da,
unweit des Altenstein, jenseits des Glasbachs, an einer noch heute
gezeigten Stelle, brachen Reiter aus dem Wald. Petzensteiner
sprang sofort aus dem Wagen und lief davon. Die Reiter sprengen
heran, fangen Lärm mit dem Fuhrmann an, werfen ihn vom
Wagen, bedrohen Luther mit der Armbrust und fordern ihn auf,
sich gefangen zu geben, während Amsdorf, der von dem Vor=
haben verständigt war, um den Fuhrmann zu täuschen, mit lauten
Worten gegen die Gewaltthat protestirte. Man ließ ihn gehen.
Dagegen wurde Luther ergriffen und in den Wald geschleppt.
Erst spät in der Nacht brachte man ihn auf Umwegen nach seinem
neuen Bestimmungsort, der Wartburg bei Eisenach. Dort sollte
er als Junker Georg den ersten Ansturm abwarten.

Es war alles so heimlich geschehen, daß man in Worms nichts weiter erfuhr, als daß Luther plötzlich verschwunden sei. Darüber herrschte allgemeine Bestürzung. Nur Aleander ahnte das Richtige, daß der sächsische „Fuchs" seine Hände dabei im Spiele haben werde. Auch der Kaiser war nicht ohne allen Verdacht, gab demselben aber keine weitere Folge. In den Kreisen von Luthers Freunden war man überzeugt, daß er den Ränken der Romanisten zum Opfer gefallen wäre, machte die päpstlichen Nuntien auch geradezu dafür verantwortlich. Ihre Mitwirkung bei einem Attentate auf Luther schien um so wahrscheinlicher, als man erfuhr, daß sie aus Besorgnis, Luther könnte nach Böhmen oder sonst wohin entfliehen, wo ihn die Acht nicht erreichen würde, schon Anstalten getroffen, dies zu verhindern. Solche und andere Gerüchte wurden von den sächsischen Räten, um von der richtigen Fährte abzulenken, geflissentlich befördert, und es ist sehr glaublich, daß Aleander und sein Genosse darüber von neuem in ernstliche Gefahr gerieten.

Nicht wenige hielten Luther für tot; ging doch sogar die Rede, daß man seinen Leichnam aufgefunden habe. Darüber erhob sich in deutschen Landen große Klage. Albrecht Dürer, der Nürnberger Meister, der sich damals in Antwerpen aufhielt, schrieb darüber in sein Tagebuch: „Lebt er noch oder haben sie ihn gemordet, das ich nicht weiß, so hat er das gelitten um der christlichen Wahrheit willen und weil er gestraft hat das unchristliche Papsttum, das da strebt wider Christi Freilassung, mit seiner großen Beschwerung der menschlichen Gesetze. — So wie diesem Mann, der da klarer geschrieben hat als irgend einer, der in 140 Jahren gelebt, dem du einen solchen Geist gegeben hast, bitten wir dich, o himmlischer Vater, daß du deinen heiligen Geist gebest wiederum einem, der da deine heilige christliche Kirche allenthalben wieder versammle, auf daß wir wieder einig und christlich zusammenleben, daß aus unseren guten Werken alle Ungläubige, als Türken, Heiden, Inder zu uns selbst begehren und christlichen Glauben annehmen. — — O Gott, ist Luther tot, wer wird uns hinfort das heilig Evangelium so klar fürtragen? Ach Gott, was hätte er noch in 10 oder 20 Jahren schreiben mögen! O, ihr alle frommen Christenmenschen, helft mir fleißig beweinen diesen gottgeistigen Menschen und Gott bitten, daß er uns einen neuen erleuchteten Mann sende."

Inzwischen gingen die Verhandlungen in Worms ihren Weg. Der päpstliche Gesandte war schließlich, nachdem keine Einigung mit Luther zustande gekommen, ganz zufrieden damit, daß man ihn hatte kommen lassen. Daß er so wenig Eindruck auf den Kaiser gemacht, gab ihm die sicherste Gewähr, daß er trotz aller Anstrengung der Gegenpartei nun dennoch sein Ziel erreichen werde. Täglich lag er dem Kaiser in den Ohren, jetzt unverzüglich die Acht erklären zu lassen, und schon am 30. April ließ Karl V. beim Reichstage anfragen, wie jetzt gegen Luther, der ohne Widerruf und verstockten Sinnes abgereist sei, verfahren werden solle, ob ihn die Acht und Aberacht oder eine andere Strafe zu treffen habe. Allem Anscheine nach kam es darüber kaum noch zu weiteren Debatten. Man wußte den kaiserlichen Wünschen jetzt nichts mehr entgegenzuhalten und ersuchte den Kaiser, den Ständen ein Edikt zur Begutachtung vorzulegen. Da hatten die päpstlichen Legaten den außerordentlichen Triumph, selbst mit der Abfassung des Edikts beauftragt zu werden, ein Auftrag, dem sie sich aufs bereitwilligste unterzogen. Nicht nur auf den Stil verwendete Aleander, wie er sich rühmt, die größte Sorgfalt, sondern vor allen Dingen auch darauf, in dem Mandat die Autorität des Papstes im römischen Sinne zum Ausdruck zu bringen. Die Wege waren ihm jetzt geebnet, Leo X. hatte die französische Partei fallen lassen. Am 8. Mai kam ein Bündnis zwischen dem Kaiser und Papste zustande, worin beide versprachen, dieselben Freunde und Feinde zu haben. In einem besonderen Artikel verpflichtete sich der Kaiser, gegen einige, die vom katholischen Glauben abgewichen und den apostolischen Stuhl böswillig verlästerten, „seine ganze Macht zu gebrauchen, sie zu verfolgen und alles Unrecht, das dem apostolischen Stuhle zugefügt worden, zu rächen, gleich als geschehe es ihm selber."

Während früher die päpstlichen Legaten immer dafür eingetreten waren, daß der Kaiser aus eigener Machtvollkommenheit gegen Luther beschließen solle, wünschten jetzt gerade sie die Mitwirkung der Stände. Doch zögerte der Kaiser damit, den Entwurf den Ständen vorzulegen. Dabei war die Überlegung im Spiele, daß die Stände nach Erlaß eines so scharfen Mandats gegen Luther vielleicht weniger gewillt sein würden, auf des Kaisers politische Forderungen einzugehen, auch ein einhelliger Beschluß nicht zu erzielen sein würde. Der Kurfürst von Sachsen hatte zudem den Kaiser ersucht, von seiner Teilnahme an den Beratungen darüber abzusehen. Am 23. Mai reiste er ab, ebenso der Pfalzgraf. Man war längst nicht mehr vollzählig versammelt, als der Kaiser am 25. den Reichstag für geschlossen erklärte, übrigens die Stände ersuchte, noch einige Tage zu bleiben, um noch einige Sachen zu erledigen. Als die Anwesenden der Sitte gemäß den Monarchen in seine Wohnung geleiteten, wurden sie dort von den päpstlichen Legaten erwartet, die mehrere Breven des Papstes an die Kurfürsten sowie an den Kaiser zu überreichen hatten. Das Schreiben an den letzteren kam zur Verlesung. Dies alles war vorher so verabredet. In diesem Augenblick, als niemand daran dachte, hielt der Kaiser es für angemessen, Luthers Sache zum Abschluß zu bringen.

Er erklärte, daß er gemäß der in der Reichsversammlung getroffenen Entscheidung gewillt sei, nunmehr gegen Luther die Reichsacht zu erklären, und ließ den Entwurf verlesen. Darauf nahm der Kurfürst von Brandenburg das Wort, um zu erklären, daß dies die allgemeine Meinung des Reichstags gewesen sei. Es war niemand da, der dagegen Einspruch zu tun wagte.

Nun handelte es sich nur noch um die Unterschrift des Kaisers. Man hatte jetzt große Eile. Noch selbigen Tages ließ Aleander eine Reinschrift des deutschen wie lateinischen Textes anfertigen. Der nächste Tag, der 26. Mai, war ein Sonntag, das Fest der heiligen Dreieinigkeit; der Kaiser war mit dem ganzen Hofe in der Kirche beim Gottesdienst, als Aleander erschien, um die Unterschrift zu fordern. Noch in der Kirche hat Karl V. das Edikt unterschrieben. Man hatte es auf eine Zeit zurückdatirt, in der der Reichstag noch fast vollzählig war, den 8. Mai, das war derselbe Tag, an welchem das Bündnis zwischen Kaiser und Papst abgeschlossen worden war.

So kam das Edikt gegen Luther zustande, welches durch seine Schärfe die kühnsten Erwartungen der römischen Kurie übertraf und als „mit einhelligem Rate der Kurfürsten und Stände" beschlossen bezeichnet wurde. Das umfangreiche Schriftstück, das allenthalben Aleander als Verfasser erkennen läßt und in der ihm eigenen Sprache Luthers „Ketzereien" aufzählt, giebt eine Darstellung des ganzen bisherigen Verfahrens gegen denselben. Dadurch sollte nach dem Wunsche des Kaisers der Meinung vorgebeugt werden, als ob er nur den Spruch des Papstes ausführe, was doch in der Tat der Fall war und gelegentlich auch zum Ausdruck kommt. Luther, der als der Teufel in Mönchsgestalt eine Menge längst verdammter Ketzereien „in eine Pfütze versammelt", und neue hinzuerdacht, von dem Konstanzer wie von einem zukünftigen Konzil nichts wissen will, um darum mit Recht von dem heiligen Vater verdammt sei, wird darin feierlich in die Acht und Aberacht erklärt. Unter Androhung der allerschärfsten Strafe wird jedermann geboten, ihn nicht zu hausen, zu herbergen, zu speisen und zu tränken, oder ihm irgendwie Vorschub zu leisten, sondern ihn vielmehr zu greifen und an den Kaiser zu senden. Ebenso wird gefordert, seine Anhänger zu ergreifen und ihre Güter einzuziehen. Luthers Schriften, wie die seiner Anhänger, werden verboten und zum Feuer verurteilt, und zur Verhinderung künftigen Irrsals eine Censur aller Druckschriften angeordnet.

Das war das Edikt, das der Kaiser „zum ewigen Gedächtnis der Sache" erließ und welches Luthers und seiner Anhänger Namen vernichten sollte. Es war das letzte Mal, daß der mittelalterliche Zusammenhang von Kaisertum und Kirche in dieser Form zum öffentlichen Ausdruck kam, der Schutzherr der Christenheit die Verpflichtung anerkannte, Dekrete des Papstes auszuführen. „Ich schäme mich allmählich meines Vaterlandes", schrieb damals Hutten. Ebenso dachten viele, die an die Echtheit des Edikts nicht glauben wollten.

Die Legaten hatten erreicht, was sie begehrt, nicht nur in Luthers Sache, auch die Beschwerden der deutschen Nation waren unerledigt geblieben. Nicht minder mochte der Kaiser mit seinem ersten Reichstag zufrieden sein. Als er das Reich verließ, um sich der Ausführung seiner großen politischen Pläne zuzuwenden, konnte er meinen, Deutschland beruhigt hinter sich zu lassen.

Wer ahnte damals, daß der Kampf um dieses so schnell unterschriebene Edikt, in dem man sich angemaßt, das Ewige nach menschlichem Rechte zu bemessen, die deutsche Nation für immer entzweien würde!

Der befürchtete Sturm blieb zunächst aus, aber doch nur deshalb, weil das Edikt kaum irgend wo zur Ausführung kam. Manche unter den Ständen hatten ihm zugestimmt, oder doch nichts dagegen eingewendet, weil man keinen andern Ausweg wußte. Jetzt, als man daran ging, es auszuführen, zeigte es sich, daß es unmöglich war. Für die Fürsten und Gewaltigen waren die alten Rechtsnormen noch einmal auch in geistlichen Dingen maßgebend gewesen, im Volke hatten sie nach Luthers Auftreten für immer den Boden verloren. Freilich, die nächsten Jahre haben manche Hoffnung zu Grabe getragen. Die Erwartung, daß sich die ganze deutsche Nation vom römischen Joche losreißen und dem Evangelium zuwenden würde, hat sich nicht erfüllt, die Geschichte der evangelischen Kirche ist eine Geschichte des Kampfes und der äußeren Not, und die Drohung Aleanders, daß die Römer dafür sorgen würden, daß die Deutschen sich gegenseitig morden sollten, ist mehr als einmal zur Wahrheit geworden. Aber das Wort von der Freiheit eines Christenmenschen, das Luther zu Worms trotz seiner Verurteilung doch siegreich verfochten, war nicht mehr zurückzurufen. Und Luther sorgte dafür, daß das, worauf er sich gründete, zum Gemeingut aller werden konnte, indem er die heilige Schrift in ein allen verständliches Deutsch übertrug. Die Übersetzung des Neuen Testaments war die herrlichste Frucht seines Aufenthalts auf der Wartburg. Darauf erbaute sich die Kirche des evangelischen Worts. Mit ihr begann eine neue Zeit.

Zur Lutherfeier.

Am 10. November d. J. werden es vierhundert Jahre, daß Dr. Martin Luther geboren wurde. Ihm verdankt unser deutsches Volk die Wiedergeburt seines religiösen Lebens aus den Tiefen des Evangeliums von Christo, ihm die Gestaltung seiner Sprache zum gemeinsamen Organ einer Litteraturentwicklung ohne Gleichen, ihm eine geistige Befreiung, welche die reichsten Blüten unsres nationalen Kulturlebens hervorgetrieben hat.

Allerorts rüstet man sich, diesen Tag festlich zu begehen, das Gedächtnis des großen Reformators neuzubeleben, sein Bild dem deutschen Volke unvertilgbar einzuprägen.

Dazu genügen keine noch so herrlichen Denkmale in Bild und Wort. Ein Denkmal hat er sich selbst errichtet in seinem lebendigen Worte, das einst die Nation ergriff und verjüngte, das noch heute fortlebt in seinen Werken. 'Luthers Werke', sagt der Nestor unserer Kirchenhistoriker, 'sind sogut ein deutsches Nationaldenkmal, als der Kölner Dom'. Es giebt keine würdigere Feier seines Ehrentages, als dieses Denkmal in seiner ganzen Herrlichkeit vor den Augen der Gegenwart wieder aufzurichten. Eine würdig ausgestattete

Gesammtausgabe von Luthers Werken,

die sie äußerlich und innerlich denen unsrer andern Geistesheroen gleichstellt, die sie vollständig und treu in ihrer ursprünglichen, echten Gestalt wiedergiebt, ist längst ein Bedürfnis der Wissenschaft gewesen, sie ist eine Ehrenschuld des evangelischen Deutschlands. Der nahende Jubeltag soll nicht vorübergehen, ohne daß der Beginn einer solchen in ihrer Durchführung gesicherten Gesammtausgabe zeigt, wie das deutsche Volk diese Pietätspflicht gegen einen seiner größten Söhne erfüllen will.

Seit mehr als einem Jahrzehnt sind in der Stille eines deutschen evangelischen Pfarrhauses alle Vorbereitungen zu diesem Werke getroffen. Eine Sammlung alter Lutherdrucke, die bei dem immer rascheren Verschwinden und der wachsenden Verstreuung derselben heute ihres Gleichen sucht, ist mit großen Opfern zusammengebracht; durch die mühevollsten Detailstudien ist ein zuverlässiger, überall auf die Originale zurückgehender Text, ist der Stoff für eine möglichst vollständige Bibliographie, die von der Entstehung und Verbreitung jeder einzelnen Schrift Kunde giebt, gewonnen.

Die Ausführung ist nur durch allerhöchste Huld möglich geworden. **Se. Majestät der Deutsche Kaiser**, allezeit bereit, mit seinem Beispiele der Nation voranzuleuchten, hat in pietätsvoller Würdigung dessen, was Luther ihr gewesen ist und bleiben wird, mit freigebiger Hand die Mittel dargeboten, um die wissenschaftlichen Vorbereitungen für dieses Werk zum Abschlusse zu bringen, um dem Herausgeber eine gebührende Entschädigung und die Unterstützung geeigneter Mitarbeiter zu gewähren, um die Vollendung desselben für die Wechselfälle der Zukunft sicherzustellen.

Das **preußische Kultusministerium** hat eine Kommission gebildet, bestehend aus **Delegierten der Kgl. Akademie der Wissenschaften** (Geh.=Rath Prof. Dr. **Müllenhoff**, Geh.=Rath Dr. **Waitz**) und einem **Vertreter des Ministeriums** (Oberkonsistorialrath Prof. Dr. **Weiß**), welche das Unternehmen leiten und seine Ausführung im ursprünglichen Sinne sichern soll. Der Herausgeber, Pfarrer **Knaake** in Drakenstedt, hat die letzten Jahre unermüdlich zur Durchforschung der Bibliotheken Deutschlands und Englands, sowie zur Vervollständigung seiner Vorarbeiten benutzt. Den Verlag der neuen Lutherausgabe hat, unter Genehmigung des preußischen Kultusministeriums, die Verlagsbuchhandlung H. Böhlau in Weimar übernommen, und der nahende Geburtstag Luthers wird die beiden ersten Bände des Werkes fertiggestellt finden.

Das große Nationaldenkmal, dessen begonnene Errichtung die Feier des bevorstehenden Jubeltages schmücken soll, kann aber nicht werden, was es werden soll, wenn nicht das ganze evangelische Deutschland sich freudig daran betheiligt. Das Wort 'des **gewaltigsten Volksmannes**, des populärsten Charakters, den Deutschland je besessen', wie einer der Großen in der katholischen Kirche Luthern genannt hat, es darf nicht bloß in monumentaler Gestalt vor die Nation hintreten; es muß, wie einst, wo es zuerst im Herzen des ganzen Volkes zündete, von ihm gehört und angeeignet werden. Die neue Gesammtausgabe der Werke Luthers muß eine ihrer würdige Verbreitung im deutschen Volke finden.

Es ist die Aufgabe der evangelischen Kirche und der deutschen Wissenschaft, ihrer höchstgestellten Hüter und ihrer besten Vertreter, die Bedeutung einer solchen Ausgabe ins Auge zu fassen und, wo sie immer können, sie nachdrücklichst ans Herz zu legen. Es ist die Aufgabe der evangelischen Fürsten und der deutschen Regierungen, die Mittel darzubieten, daß diese Gesammtausgabe nirgends fehle, wo man die Schätze deutscher Litteratur und Wissenschaft sammelt und hütet. Es ist die Aufgabe aller evangelischen Städte und ihrer Behörden, dafür zu sorgen, daß die Schriften Luthers in ihrer echten Gestalt auch den weitesten Kreisen zugänglich werden. Es ist die Aufgabe des christlichen Adels deutscher Nation, welchen Luther einst zur Mitwirkung an seinem reformatorischen Werke aufrief, seine thatkräftige Theilnahme diesem nationalen Denkmale zu widmen. Es ist die Aufgabe aller Freunde deutscher Sprache und Litteratur, deutscher Art und Gesinnung, für die Verbreitung der Werke Luthers, die stets ein Panier deutschen Geistes bleiben werden, überallhin zu wirken.

Mehr denn je mahnen die Zeichen der Zeit, wie noth es thut, daß der Pulsschlag echt religiösen Lebens, welcher die Worte Luthers beseelt, von ihm aus wieder das Gesammtleben der Nation durchdringe; daß die Geistesfreiheit, die ihn stählte, dieselbe stark mache in den Kämpfen, die ihr auferlegt sind; daß die echte deutsche Art, die in ihm ihren klassischen Ausdruck gefunden, in unsrem Volke gepflegt werde und es zur Erfüllung seines hohen Berufs tüchtig mache.

Sorgen wir Alle dafür, daß die kommende Lutherfeier uns als echte Söhne der Reformation finde, die ihrer Väter werth sind und, weil es einst unser Volk zu den Lebensquellen des göttlichen Wortes zurückgeführt hat, das alte Lutherwort lieben und ehren!

Die **kritische Gesammtausgabe von Luthers Werken** wird in dem unterzeichneten Verlage in würdiger Ausstattung erscheinen.

Jährlich sollen etwa drei Bände, jeder zu 40—50 Bogen à 16 Seiten, in groß Lexikonoktav=Format ausgegeben werden. Die Vorbereitungen sind so getroffen, daß die Vollendung in zehn bis zwölf Jahren zugesichert werden kann; der Gesammtumfang ist auf ca. 35 Bände berechnet.

Der Preis eines Bogens ist auf 40 Pfennige festgestellt; der Preis eines Bandes wird demnach 16 bis 20 Mark betragen. Einzelne Bände werden nicht abgegeben.

Der erste Band soll im September 1883 erscheinen, der zweite Band Ende Oktober nachfolgen.

Um die Höhe der Auflage rechtzeitig bestimmen zu können, werden Anmeldungen zur Subskription, welche alle Buchhandlungen des In= und Auslandes entgegen nehmen, möglichst bald erbeten. Ein Verzeichniß der Subskribenten wird dem ersten Bande beigegeben werden.

Weimar, am 1. Januar 1883.

Hermann Böhlau,
Verlagsbuchhandlung.